メンタル・クエスト

我的心，獨自升級

心のHPが0になりそうな
自分をラクにする本

MENTAL QUEST

85個人生打怪不扣血的心理練習，
讓你不再被負面情緒耗盡HP，
迎來真正的身心靈覺醒

Suzuki Yusuke
鈴木裕介——著

謝敏怡——譯

前言

人生就像RPG，但你具備升級的潛力

你聽過「人生困難模式」這個說法嗎？

這是一個網路流行用語，意思是「人生很難如你所願」。許多遊戲都可以選擇難易度，例如：「簡單」、「一般」和「困難」。在困難模式中，敵人更強、限制更多，因此挑戰的難度遠高於其他模式。

遊戲中的「困難模式」，對於資深玩家來說，通常是一種享受，因為一般模式已經玩到熟稔無比。然而，人生中的「困難模式」卻大不相同。

畢竟，我們無法選擇出身及境遇，而各種難題往往不顧我們的意願，接二連三地襲來。你被丟進一場不合理的遊戲中，卻無法自行設定難易度，這種情況就稱為「人生困難模式」。

此外，「活得好累」一詞近來也十分流行，其概念與「人生困難模式」非常相近。

比方說，你是不是每天都有以下感受？

▼總是看別人的臉色，常常無法表達自己的意見。

▼拼命滿足父母或上司的期待，卻逐漸迷失了自我，不知道自己真正想要什麼，彷彿為別人而活。

▼明明人際關係良好，經濟狀況也無虞，但總覺得每天空虛無比，感受不到活著的意義。

▼討厭自己，不相信未來會有什麼好事發生。

「人生困難模式」這個詞，貼切地描述了處於這些困境中的人的狀態。許多前來我診所求助的患者，都覺得自己活得好累、十分痛苦。

在我接觸這些人的困境，以及觀察他們從人生困境中「回血」的過程時，我發現到一件事。

那就是，覺得活得痛苦的人，大多對某些「內容」特別沉迷。那些內容可能是動漫、遊戲、電影、小說、偶像、Cosplay、BL、戲劇、二次創作等等。他們沉迷的那些內容，是支撐他們活下去的力量。換句話說，「內容，拯救了人們」。

我想，大部分的人都有過類似的經驗。當內心感到受傷時，遊戲或動漫中的角色、他們的處世哲學和對話，以及彷彿闡述著自己心情的歌詞，讓人覺得得到救贖。

「這個故事寫的就是我。」

「這個角色感受到的痛苦，跟我一模一樣。」

許多人透過與這些內容的連結，在充滿荊棘的現實生活中勉強存活下來。這些連結就像一條細細的線，將他們與世界連結在一起。

不少患者曾告訴我，正因為有了那些內容，他們才能「對明天的到來抱著些許期待」，或是「勉強在這個世界繼續活下去」。

覺得日子痛苦的人容易沉迷於內容，這其實透露出一個訊息：對他們來說，這個社會中沒有地方能讓他們感到「可以自在棲息」，或無法「找到穩定的人際連結」。

當人們在現實世界中找不到避風港或連結時，他們便會轉而在創作內容中尋求慰藉。

你是否也覺得，最讓人感到舒適、消磨時間的地方，不是家裡、公司或教室，而是像圖書館這樣沒有干擾的安靜空間？是不是也有人覺得，沒有任何人打擾、沉浸在遊戲裡的時間，才是最讓人放鬆的時刻？

覺得活在幻想世界中的角色，比現實生活中活生生的人更值得信任，這種想法並不罕見。

其實，我自己也有類似的經歷。遇到人生低潮或困難時，我曾經被遊戲《勇者鬥惡龍》及其角色的對話內容所拯救。我是一名遊戲玩家，平時也很熱衷於電玩。

我玩《斯普拉遁2》（Splatoon 2）的累積時數超過兩千小時，至今仍樂在其中，一點也不覺得厭倦。同時，我也是電子競技「斯普拉遁甲子園」的忠實粉絲，每天都從斯普拉遁的世界觀中獲得許多心靈慰藉。

我之所以選擇在世界最具規模的內容創作之地——秋葉原開業，就是希望能就近服務那些擁有相近世界觀的人們。

我也希望「喜歡遊戲和動漫，但是對艱澀的話題有點抗拒」的人，能拿起這本書閱讀。基於這樣的期許，我模仿了自己最喜歡的遊戲《Dragon Quest》（勇者鬥惡龍），將這本書命名為《Mental Quest》。

抱歉這麼晚才自我介紹，我叫鈴木裕介。

我是一名內科醫師，協助民眾維持良好的心理健康是我的志業。目前在秋葉原經營一間小診所。

雖然我不是精神科醫師（按：作者為心療內科醫師，類似台灣的身心科。專治由心理因素引發的生理症狀，輔以心理介入），但心理健康之所以成為我的

「人生志業」，是因為我有許多親密且重要的朋友都曾苦於心理疾病。

面對身邊珍視的人發出「想死」「想消失」的求救信號，我總是盡我所能伸出援手。

我不只是以醫師的身分，更是作為一個人陪伴他們，因此這對我來說，本質上比較像是志業。話說回來，我也不是受到使命感驅使，只是情勢不得已，必須如此。沒想到，這些經歷為我打開了通往人生新方向的大門。

多數人發現身邊的人萌生「想死」或「想消失」的念頭時，可能會感到困惑，甚至不知所措。即便像我這種受過醫學訓練的人，也不例外。國家考試中學到的東西，幾乎派不上任何用場。

面對這樣的情況，我完全不知道該怎麼做，但「不希望重要的人死去」的想法，讓我硬著頭皮、心驚膽顫地嘗試了很多辦法，而這樣一做就是十年以上。

儘管長久下來不免會感到疲憊，但支撐我繼續下去的原因之一，是「希望那些失去至親的人，能夠從失落感當中，找到屬於自己的意義」。我自己也經歷過至親離世的痛苦，那段時間，我感受到極為強烈的無助感。

現在，我經營著診所，與覺得活得很痛苦的人一起克服難關。過程中，我漸漸意識到，過去那段痛苦經歷，其實是有意義的。因為想著「那時的失去，造就了今天的我」，我釋然了不少。

除此之外，還有一個更單純的理由，那就是「我喜歡見證人的轉變」。

有的人原本覺得生活沉重難擔、充滿絕望，但在某個瞬間產生了巨大的改變。我第一次看到他們神情變化的那一刻，甚至全身起了雞皮疙瘩。我希望能就近觀察那種美好動人的改變。

至於為何我持續投入心理健康的工作，我在本書的後記寫下了最坦率的心情，希望大家能讀到最後。

這本書集結了我與覺得人生很痛苦的人，一起攜手思考並努力實踐而成的「破解人生困難模式的祕訣」。

從原文書名可以看出，這本書是模擬大冒險遊戲，來說明如何擺脫人生困難模式。

為什麼要用「大冒險」來比喻？

因為我認為，「從人生困難模式回血的過程」與「RPG的破關過程」非常相似。

在RPG中，想要成功破關，首先必須了解角色的類型、能力和特性。接下來，要知道你扮演的角色對哪些敵人比較沒輒，以及你容易掉入哪些陷阱。然後，磨練角色的「技能」，以擊退敵人、避開陷阱，並逐步提升等級。這就是RPG的基本攻略。

事實上，人生困難模式的通關指南，與RPG攻略一模一樣。

首先，要徹底了解你這個「角色」的類型、能力和特性。接著，辨識出像自己這種角色的行為與思考傾向（習慣），可能會落入哪些不幸的陷阱。然後，在現實生活中腳踏實地地累積經驗，逐步磨練自己，學會走出困難模式。

這就是克服人生困難模式的基本策略，是不是跟RPG的攻略很像？

本書將依以下順序說明，告訴你有哪些攻略，能幫助你走出現實生活中的困難模式。

首先，第一階段將為各位說明，為什麼你的人生會進入困難模式，以及人生困難模式的形成機制。同時，我們也會探討，幫助你突破困難模式的關鍵字——「信任」的真正含意。

接著，在第二階段，我們將介紹「活得很痛苦的人常見的三種角色」，幫助你認識自己這個「角色」的類型、能力與特性。

在第三階段，我將進一步說明，第二階段所說明的、容易落入人生困難模式的人，有哪些常見的行為與思考模式（習慣），並探討這些習慣可能會導致哪些「不幸模式」。同時，我也會提供具體建議，教各位如何避開那些不幸模式。

最後的第四階段，則是實務篇。這個章節將介紹一些「關鍵道具」，相信這些關鍵道具能有效幫助想攻破人生困境的人。此外，我也會推薦幾本「啟發之書」，提供想進一步學習的讀者一些方向。

希望這本書能為你的成長旅途，帶來有用的提示，讓你的人生從危險的「黑暗世界」，轉向安全、安穩的「光明世界」。

在本書，我刻意用「攻略法」，來比喻擺脫人生困境的方法。

然而，我的目的並不是教你「鑽漏洞來克服人生困境」或是「走捷徑」。對活得很痛苦的人來說，他們的復原過程通常需要穩紮穩打、一步一步慢慢前進的。就像在遊戲中，你的角色受傷時，往往需要負著傷，老老實實練等。同樣的道理，要從人生困境中回血，也需要不斷摸索試錯。我想事先提醒各位，閱讀這本書無法「立即」解決你的生活難題。就像玩遊戲一樣，沒有那麼多的捷徑或程式漏洞可以快速破關。

然而，要走出人生困境，你不必一次又一次地在相同的地方跌倒受傷。有些難關，只要事先知道它們的存在，就有辦法避開。此外，也有一些小技巧，確實可以讓人更輕鬆擺脫人生困難模式。

正因如此，我希望透過本書，盡可能以淺顯易懂的方式，將那些身處人生困難模式的患者常說的「多虧你的指導，我的心情變得輕鬆多了」，或是「要是早點知道就好了」的知識與技巧，分享給大家。

期望這本書能像指南針一樣，為那些對人生方向感到迷惘、身陷「人生困境」的人提供一點啟發。如果這本書能幫助你扭轉局面、改變現況，那是我最大的榮幸。

願光明能照亮活在黑暗世界中的每一位冒險者。

鈴木裕介

CONTENTS

CONTENTS

▼Stage 3 及時閃避！識破「隱形敵人」的侵蝕身心術

CONTENTS

CONTENTS

CONTENTS

Stage

1

Title

破解人生困難模式，從蒐集「3大信任神器」開始

「活得好累」背後的機制

本書將依序說明，有哪些策略能幫助你擺脫「人生困難模式」。

▼了解自己這個「角色」的類型、能力與特性（見〈Stage 2〉）。

▼釐清自己這類角色，有哪些行為與思考傾向（習慣），從根本理解為何自己會陷入人生困難模式（見〈Stage 3〉）。

▼掌握必要的知識與技能，幫助你建立真實的人際關係並因應壓力（見〈Stage 4〉）。

在進入這本書的主題之前，我想先在本章向各位說明，造成「人生困難模式」的機制，以及突破困難模式的關鍵字「信任」的真正意涵。

這邊先稍微透露一點內容。簡單來說，我認為，要走出人生困難模式，必須先建立起「三種信任」。就像遊戲裡經常需要蒐集「三種神器」或「三枚徽章」一樣，這三種信任是關鍵中的關鍵。那麼，這三種信任究竟是什麼？讓我們趕緊來看看。

當「預測」和「期望」背叛你時……

精神科醫師水島廣子指出，想讓自己相信「生命總會自己找到出路」，以下三種「基本信任」不可或缺：

①相信自己一定沒問題（信任自己）。

②相信他人是值得依賴的（信任他人）。

③相信世界是安全的，一點也不可怕（信任世界）。

很多人可能會對第三點「信任世界」，感到難以理解。所謂「不信任世界」，換句話說，可以說是活在一種「不可預測的狀態」當中。就像是活在《惡靈古堡》的世界，隨時都提心吊膽。《惡靈古堡》是一款經典的恐怖遊戲，玩家要想辦法從充滿殭屍的迷宮式洋房中脫逃。你永遠不知道殭屍會從哪裡攻擊你，就連打開一扇門，也都必須小心翼翼的。

這裡我想請教大家一個問題：

在東京迷路，跟在巴西的熱帶叢林迷路，哪一個讓你更不安？又或是，每年固定發生的流感大流行，跟感染未知的新型病毒，哪一個讓你感到更有壓力？

大部分的人應該都會回答後者。這是因為，遇到前一種狀況，我們多少還能預測未來的走向，比如：「接下來大概會這樣發展」，或者「即使發生了意想不到的情況，大致上也能控制在這個範圍之內」。但對於後者，我們卻難以掌握、無法預測。**正因為我們對生活有一定程度的預期與掌握，才得以平安度過每一天。**

然而，這種預期也時常背叛我們。

「預期」這個詞，包含了「預測」與「期望」兩層意義，小兒科醫師熊谷晉一郎對此作出了以下解釋：

我們認為可以與某人長相廝守的預測，以及與某人白頭偕老的期待，都可能落空。而該落差稱為「預測誤差」。活著本身，本來就會經歷一連串的預測誤差。有時預測誤差，的確可以帶來愉悅（如搭乘雲霄飛車的快感），但有時，預測誤差也會帶來痛苦，所以預測誤差越小越好。當預測誤差發生時，我們會感到震驚、傷心、沮喪，甚至氣餒。不僅如此，當我們不斷經歷預測誤差，超過一定次數後，便會逐漸對自己的預期失去信心。

（節錄自〈「傷口」的故事〉，《臨床心理學》第109期。）

這種**「無法相信自己的預期」的狀態，正是人生困境的典型寫照**。當不合理的事情一再發生，人們便很難相信這個充滿荒謬的世界。**逐漸覺得自己無法在這**

麼危險的世界中存活，甚至開始懷疑活在這個充滿背叛的世界是否有意義。這正是所謂「對世界失去信任」的狀態。

☆ 世界變成惡靈古堡，並不是你的錯

人的世界觀，是由生命早期接觸到的極少數他人形塑而成的，而家人、尤其是父母的影響最大。這種影響就像是社群遊戲中的轉蛋、抽卡一樣，你無法選擇，也不能抗拒。

如果在你的童年時期，身旁最親近的大人總是喜怒無常、不穩定，甚至有暴力傾向，無法給予孩子足夠的安全感，對孩子而言，世界就會像無法預測的「惡靈古堡」。但這就像是遊戲發生初始化錯誤，不是你的錯。

就好比普通人可以不假思索就打開的門，你卻必須小心翼翼地檢查是否有殭屍藏在後面，這種生活過久了會讓人疲憊不堪。生活在這種世界裡的人，對他人心生畏懼是再自然不過的事。

恐懼他人，因此迴避與人接觸。結果，與他人互動的機會減少，進一步失去了從試錯中學習的機會。如此一來，便無法在人際關係中習得必要的「技能」，與他人建立關係和調節人際關係的能力逐漸降低，變得越來越畏懼他人，最後形成惡性循環。

可想而知，假如這樣的生活持續下去，很容易引發不安全感，**「覺得到哪都沒有容身之處」或「覺得自己是不是很糟糕」**。然而，這並不是你的問題，很明顯是你成長環境的不健全，使你失去「對世界的信任」。

當你身處於無法信任自己預測與感受的危險世界中，唯一能確保自身安全的方式，就是不斷滿足「他人的需求」。因為你的首要目標，是隨時討好周遭的人，避免遭受攻擊。

如此一來，**他人的需求就被置於自身需求之上，「過著他人的人生」的模式就此形成**。在這樣的狀態下，要打從心底享受人生，或是「對人生充滿期待」，恐怕非常困難。

所以說，正因為你的人生出現了「初始化錯誤」，才會以困難模式開局。

可以想見，不只是你，如果其他人也生長在相似的環境，應該都會產生類似的世界觀。**這絕對不是「你的錯」，甚至可以說是環境所造成的系統性錯誤**。

幫助你獲得遍尋不著的「信任」的魔法

想要恢復對世界的信任，首先就必須修正自己對世界的「預期」。

因為你的人生一開始就設定成困難模式，首要目標是討好他人、避免遭受他人的攻擊，所以不得不過著「他人的人生」。因此，你現在可能已經放棄了，覺得「人生當中沒有任何事情是自己能夠掌控的」。

但事實上，你能在困難模式中存活至今，說明了**你擁有的生命力與意志力，可能比自己想像的還要強大得多**。

此外，在你還小、無助的時候，對世界形成的認知與預期，隨著時間推移，應該跟現實世界相差甚遠了。

這是因為，世界就像天氣或股價一樣，會隨著周遭環境的變化隨時改變。

前面有說明過，人們透過「我這樣做，周圍的反應一定會是這樣」的成功預測經驗，逐漸累積放心感，並相信「我在這裡是安全的」。

有時，人們抱著悲觀的預測採取行動，心想「反正結果一定是這樣」，但結果卻比預期來得好。這種經驗能促使我們改寫自己的預測，轉念覺得：「原來也會發生這種事呀！」當這樣的經驗累積到一定程度後，對世界的預測就會脫胎換骨——「原來世界是這麼一回事啊！」

不過度悲觀或樂觀，而是**根據現實生活中的反應，不斷修正自己的預期，如此可以提高預測的準確性，並減少預測誤差**。

如果能夠累積一連串成功經驗，比方說：「跟那個人講了講話後，發現對方比自己想像中親切得多」、「錢包遺失後，竟然失而復得」、「努力真的得到了回報」等等，就會開始感受到：「這個世界或許比我想像中安全。」這些經驗能幫助我們重新找回對世界的信任。

「信任」與「安心」之間大相逕庭

針對「信任」這個詞，我想再深入探討一下。

社會心理學家山岸俊男在著作《從安心社會到信任社會》中指出，「信任」與「安心」之間存在很大的差異，並提出詳細說明。

山岸老師認為，「信任」指的是，以「對方是個好人，對自己有好感」為前提，因而期待「對方應該不會背叛自己」。換句話說，這是一種基於對他人品性及雙方關係的正面認知，透過信任來建立的人際關係。

相反地，「假如對方背叛自己，對方也會付出代價，因此對方應該不會背叛我才對」，有這種期待的人際關係，則是以「安心」為基礎。

比如，「應該沒有人會背叛組織」的背後，是建立在「假如你要脫離組織，組織就會派出殺手來暗殺你」的基礎之上，彼此的關係是建立在「安心」上，而非信任。在集體主義的社會中，為了消除人際關係中的不確定性，會透過相互監視與制裁、排除異己的方式，來達成讓彼此「安心」的目的。

然而，人際關係本身就伴隨著不確定性。山岸老師表示，「信任」並非刻意去消除這種不確定性，而是接受它，並在此基礎上嘗試建立關係。換句話說，**與「安心」相比，「信任」一個人所承擔的背叛風險更高。**

沒有信任，便無法擁有富足的人生

在幼年階段，假如身旁的大人喜怒無常、性情不穩定，孩子便無法學會信任他人。一旦「信任遭到背叛」的經驗多於「信任得到回報」，選擇不信任他人作為人際關係的策略，自然非常合理。

這些人往往會選擇基於「安心」的關係，落入「沒有為對方犧牲奉獻，就會感到不安」的狀態。本質上，他們的人際互動就是交易行為。

簡單來說，「安心」是以「我對你很有幫助，請不要離開我」為基礎的人際關係。

然而，基於「我是有用的，所以這個人會待在我身邊」的人際關係，通常伴隨著「我有價值時，他們會留下；一旦我失去價值，他們就會拋棄我」的恐懼，而這種關係很難真正滿足心靈上的需求。

一般認為，日本人是世界上「對他人信任度」極低的人種。那是因為日本社會不會冒著被背叛的風險去信任他人，而是相互監視，讓人知道「一旦背叛，彼此都會蒙受損失」。換句話說，日本社會的運作機制，是建立在「安心」之上。

害怕被背叛或受傷害的人，往往很難信任他人。然而，不信任他人，便無法獲得信任所帶來的豐富回報。

要想擺脫人生困難模式，很重要的一點是，了解人際關係中「信任」與「安心」之間的差異。雙方沒有支配、也沒有利益交換，也不以「是否對他人有用」為前提，彼此的關係是以信任為基礎「連結」在一起。

☆「自己一定沒問題」，是人生必要的救生圈

如果經常以「自己對別人是否有用」的角度來建立人際關係，最終就會開始用「是否有用」的標準來評價自己。

如此一來，當你覺得自己對他人有價值時，便會充滿信心，認為「自己一定沒問題」。但是當這個前提瓦解，信心也會消失殆盡。

這種「工作表現出色，或是滿足了周遭期待時，便覺得自己沒問題」的感覺，就是所謂的「自我效能感」。這就像是為他人做出貢獻來獲得自信一樣，可以說是建立在「安心」之上的自信。

另一方面，即使沒有做出成果或回應別人的期待，依然能覺得「自己沒問題」，這種感覺稱為「自我肯定感」。

這是建立在「信任感」之上的自信，不再僅僅依靠「自己對他人是否有用」或「有沒有價值」來評估自己。

「即使沒做出成果也沒關係」的自我肯定感，不容易動搖。相較之下，「只

要有做出成果就沒關係」的自我效能感，則容易隨著他人或自身狀況的變化而改變。比方說，隨著工作難度提高，成功更加得來不易；加上年齡增長、體力下降或健康狀況的變化，能力也會受到影響。

因此，若想擺脫人生困境，最重要的就是培養「自我肯定感」，讓自己在任何情況下都能擁有「我沒問題」的穩定自信。

即使非常努力，做出了亮眼成績，覺得「我為大家做出了貢獻！」也只能增強自我效能感，對增進自我肯定感沒有任何幫助。

臨床心理學家高垣忠一郎指出，「**自我肯定感就像是『救生圈』**」。在人生的汪洋中，即使負面情緒的巨浪襲來，只要擁有「自我肯定感」這個救生圈，就能浮上海面。**無論遇到多麼絕望的事，只要能夠覺得「自己一定沒問題」，便能重新振作。這種自信與人生成就或他人評價無關，而是更根本、存在層面的肯定**。

相反地，如果沒有自我肯定感這個救生圈，你就必須不斷拼命地游，才不會沉下去。不僅如此，還很容易被日常生活中的負面情緒漩渦給吞噬，瞬間沉下水去。

擁有如救生圈般的自我肯定感，遇到挫折也能自我恢復

沒有救生圈，我們容易沮喪、一蹶不振，遇到挫折也很難重新振作。這樣的日子不僅痛苦，還令人感到無可奈何。但偏偏別人也無法察覺你有沒有「自我肯定感」這個救生圈，你只能背負巨大劣勢進行一場艱難的戰鬥，宛如人生進入「地獄模式」。

建立內心「安全基地」的方法

要從「我必須更努力才行」這種先入為主的心態，轉變為「我現在這樣子就很好」的狀態，需要很長一段路。**幾乎沒有人能僅憑自己的力量瞬間改變心態，突然告訴自己：「從今天開始，我一定沒問題。」**

想要肯定自己，必須要有一個不會否定你的人在你的身邊。

尋找一位「不太會否定你的人」，嘗試向他表達你的感受或尋求依靠。你需要的是一位成熟的大人，無論你努不努力、錢賺得多不多，他都能肯定你的存在。

具體來說，我希望你能找到一個**不會說出以下內容**的人：

①「你要堅強地活下去。」
②「哭了也沒用。」
③「這種經驗每個人或多或少都經歷過。」
④「時間會沖淡一切。」
⑤「你要竭盡全力追夢。」
⑥「有些人比你更慘。」
⑦「請想辦法補足不足之處。」
⑧「不要回頭看，要向前看。」

有些人可能會覺得：「真的有不會說出這些內容的大人嗎？」當然有，這種人真的存在（笑）。

經歷過悲傷的人，或接受過心理學專業訓練的專職工作者，大多能理解這些道理。

遇到「可以信任的人」，對你的人生意義重大，甚至可能帶來翻天覆地的改變。

這裡想分享一個我很喜歡的故事，是關於佛陀弟子阿難，內容提到了「良友」的概念。

有一天，佛陀最喜愛的弟子阿難向佛陀請示。

「敬愛的世尊（佛陀的尊稱）啊！在我修行的過程中，我獲得了良友、善良的夥伴，並被好人所圍繞。看來，我似乎已經達成修行的一半了。」

佛陀回答：「阿難，不是這樣的。」

「擁有良友、善良的夥伴、被好人圍繞，這不是修行的一半，而是修行的全部。」

換句話說，佛陀認為，擁有可靠且值得信賴的「益友」，等同於人生的目標。

「用信任，回應他人的信任」，是人的天性

在學會信任自己的過程中，「獲得良友」的意義非凡。**因為一旦你對自己的信心動搖，有一個「不會否定自己」、能讓你感到安心的人在身邊，會成為接住你的安全網**。

以這樣的人際關係作為立足點，即使遇到再怎麼絕望的情況，也能慢慢重新站起來。

這種**有深厚的信任基礎，充滿安全感的避風港，稱為「安全基地」**。擁有安全基地，你便能將其當作冒險的踏腳石。換句話說，結交良友，是人生中非常重要的任務。

那麼，到底該怎麼做才能結交良友？

我經常對我的患者說：「**想要建立起能作為安全基地的人際關係，必須勇於承擔風險，嘗試自我揭露**。」比方說，告訴對方某些讓你感到非常困擾，甚至平

時可能想隱藏起來的煩惱或弱點。

成熟的成年人面對這種伴隨風險的自我揭露時，通常會感到：**「對方是因為信任我，才願意分享這些事情。」由此產生感激之情，並想回應對方的信任。**這就是所謂的「**互惠式自我揭露**」。

「互惠」指的是投桃報李的心理感受。而**「用信任，回應他人的信任」是人的天性**。當雙方信任彼此時，便能建立起安全基地般的人際關係，為人生冒險提供堅實的基礎。

即使無法馬上揭露自己的一切，我仍希望你能試著練習，向他人展現自己真實的情感與弱點，學會依靠別人。有些比較機靈的人，可能會選擇「假裝依靠他人」，把一些其實自己還算上手的事情，裝作自己的弱點，告訴對方：「我很不擅長這件事，這個祕密我只告訴你而已」，製造出信任的假象。我把這種行為稱為「商業模式的自我揭露」（笑）。

然而，偽裝的信任，很難建立起真正能作為安全基地的人際關係。所以請別偽裝自己，一步一步慢慢來也沒關係，請盡量揭露你真正的想法與感受。

這句話，送給害怕展示脆弱的你

這裡，我想送一句話，給那些覺得「弱點想藏都來不及了，怎麼可能輕易告訴別人」的人。

「每個人都不一樣，每個人都很怪。」

這是我朋友太田尚樹的名言。

太田尚樹是ＬＧＢＴ倡議團體「愛力美」（やる気あり美）的總編輯，該組織以別出心裁的創意，推廣ＬＧＢＴ議題而廣為人知。他曾說過：「每個人都有他奇怪且獨特的一面。只有當我們彼此承認並接受這些不同時，才能建立起平等的信任關係。」

那些善良、體貼的人，往往不擅長向他人求助。他們樂於傾聽別人的困難，但卻鮮少談及自己內心的掙扎與難以啟齒的問題。這或許出於對他人的體貼，但那樣其實稱不上是真正平等的人際關係。

信任他人的真諦就在於，承擔「自我揭露」的風險，便能換得人生豐富性。只不過因為自我揭露伴隨著風險，所以強迫不來。

話說回來，**清楚該信任誰、不信任誰，並成功向值得信任的人表達你的感受，這都需要「技巧」，需要下工夫、不斷試錯，才有辦法逐漸磨練出來。**

這些技巧，將是你克服人生困境的關鍵利器，堪稱「終身受用」的超級技能。

截至目前為止，我們介紹了「三種信任」，它們是幫助我們從人生困難模式中回血復活的關鍵。

從下一章開始，我將跟各位說明，該怎麼做才能獲得這「三種信任」。但首先，讓我們從擺脫人生困難模式的第一步開始：了解自己屬於什麼類型。

▼專欄

鍛鍊自己的「感謝肌肉」

在這個專欄中，我會回覆實際收到的諮詢與煩惱。希望各位能以輕鬆的心情，像聊天般閱讀以下內容。以下是第一個問題：

「我的同事工作能力很差……一個小時可以完成的工作，他要花兩倍以上的時間。還常常邊工作邊聊天，或外出買東西，做一些無謂的事情，效率極差，讓我覺得很煩。」

身邊有這樣的人，確實容易讓人很有壓力。不過，**對於能力不佳的人感到煩躁，就像是希望一個以肉搏戰為強項的戰士去學魔法一樣，並不明智。**

這裡我希望大家來了解一下什麼是「應該思維」。我相信一個對工作很認真的人，心中可能有以下的「應該思維」：

▼工作時不應該閒聊。

▼工作應該要盡快完成才對。

這些「應該思維」就像是一把雙刃刀，一旦你試圖將這些期望強加於他人，往往會對「不符合這些期望的人」感到厭煩。想消除這種煩躁感，就必須放下「應該思維」，盡可能降低對他人的期望。

寫寫看感謝日記

想降低生活中的煩躁感？我建議大家可以試著寫寫看「感謝日記」。**做法是：在一天結束時，刻意找出並寫下幾件值得感激的事情**。特別是，你可以逼自己針對特定對象，寫下一兩件值得感恩的事，這種方法也相當有效。換句話說，「降低對他人的期望，來控制自己的煩躁感」，能獲得心靈的平靜。

▼會議結束後，他總是把白板擦得乾乾淨淨。

▼早上碰到面，他一定會主動跟我打招呼。

像這樣記錄下對方的優點，能讓你更容易向他人表達感激之情，也能減少對別人的過高期望，進一步鍛鍊自己的「感謝肌肉」。對他人期望過高的人，通常不太懂得如何表達感激。但如果你能客觀且仔細地觀察周遭，就會發現，正是因為身邊有各式各樣的人幫助，你的日常生活才得以正常運作。

每個人都有不同的價值觀，而這些價值觀也沒有絕對的高低之分。哪個價值觀更適合自己，應該由每個人自行決定，不必強加於他人。

當你學會放下「應該」的成見，並接受「價值觀沒有絕對好壞」之後，你的心情會變得輕鬆許多。

專欄

3步驟擺脫負能量的「心理練功術」

「職場上有位前輩講話很尖酸刻薄。即便我聽了覺得很不舒服，也常常想著『是不是自己哪裡做得不夠好』，因此總是回不了嘴。請問該怎麼跟這樣的前輩相處？」

所謂的「好人」，大多與這位來諮詢的人一樣，有著強烈的「自責思考」。當他們感受到厭惡、憤怒或憎恨等負面情緒時，往往會先假設：「是不是自己哪裡有問題，所以必須忍耐。」

此外，有些人對他人產生厭惡或不喜歡的情緒時，會覺得自己心胸狹窄，並試圖壓抑這些情感，假裝它們從未發生過。這樣的人應該也不少吧？

然而，負面情緒其實是人類一種「再自然也不過、非常正常」的感受。

人天生具備自我保護機制，讓我們在感受到危險時產生負面情緒，幫助我們迅速與可能傷害自己的人保持距離。

換句話說，負面情緒是身體感知到危險時，所發出的訊號。

那麼，你察覺到這些訊號時，應該如何面對並處理它們？以下我將依序說明三個步驟。

Step 1：全然接受浮現出來的情緒

負面情緒是身體發出的訊號，幫助你察覺逐漸逼近的危險。而試圖壓抑或忽視這些情緒，就像敞開大門，任由敵人入侵自己的領域。

因此，處理負面情緒的第一步，是先全然接受、不否定負面情緒。

然而，對習慣忽略或壓抑情緒的人來說，察覺並表達真實感受並不容易。在這種情況下，我建議你：「試著觀察那股不舒服的感受」。例如：

「跟那個人相處後，回家總覺得好累。」

「跟這個人接觸時，讓我感到很緊張。」人際關係中所帶來的小小傷害，會以這種「有點不太舒服的感覺」在你心中浮現出來。

如果你試著去留意這種「不舒服的感受」，尋找、察覺心中的小傷口，便能逐漸用語言表達出來：「原來這個人的言語和態度，讓我感到不舒服。」

Step 2：不要把不愉快悶在心裡

當你意識到自己的情緒時，下一步就是「把那個情緒表達出來」。這裡所說的「表達情緒」，並不是要你突然對別人說：「你這傢伙真討厭！」（笑）而是用某種方式，將那些難以形容的情緒，用言語具體化。你可以先試著向不會否定你感受的朋友傾訴。

如果直接說出來很困難，也可以先在筆記本上寫下自己的心情或感受。另外一個方法是，當你獨處時，試著自己默默地說出來：「我對這個人的行為感到很生氣。」

透過這樣的方式，那些模糊不清的負面情緒會變得更加具體，也更容易處理。

人並不擅長思考「模糊的事情」，這就是為什麼，我們需要清楚地說出負面情緒，並為它取一個「名字」。

此時需要注意的是，為情緒取名時，應該選擇符合實際情緒強度的名字。舉例來說，假設你在街上被人不小心撞到肩膀，卻將這份情緒命名為「我很不爽，給我去死」，這個情緒等級的設定恐怕有點過頭。相反地，如果把那股情緒命名為：「咦？」或是「走路可以小心一點嗎？」或許好一些。

過度強烈的標籤可能會放大不舒服的感覺，適當的標籤則是處理情緒的重要技巧。

希望大家能利用這個機會，試著思考與自己情緒強度相符的詞彙。以下是我針對「憤怒」情緒的分級標籤，提供給大家參考：

第1級：嗯哼。
第2級：不滿。
第3級：有點不爽。
第4級：很不爽。
第5級：有點生氣。
第6級：很生氣。
第7級：超級生氣。
第8級：絕對不可原諒。
第9級：暴怒無比。
第10級：憤怒到想給對方一輩子的詛咒。

Step 3：把「情緒」與「情緒出現之後的行為」分開

當你能夠正確掌握自己的負面情緒後，順應著情緒採取行動的情況可能會越來越多。例如，你可能因為上司的發言感到不爽，而不禁嘖嘖咂嘴，甚至頂嘴回去：「不然你要我怎麼辦？」

然而，跟著情緒起舞往往會帶來負面的影響，比方說：人際關係出現重大裂痕，或是失去他人的信任。

因此，我都建議我的患者，要把「浮現的情緒，與情緒產生之後的行動分開」。

你所感受到的負面情緒是真實的，無論情緒是什麼，都不需要否定它的存在。但如果因為這些情緒採取了某些行動，傷害到別人或損害了他人的利益，那又是另一回事了。

Stage

2

Title

角色覺醒！
了解自己的
「特質屬性」

你真的了解自己嗎？

正如前言提到的，在協助那些日子過得辛苦或痛苦，需要從困難模式中回血的人時，我總是建議對方遵循以下基本原則：

①首先，深入了解自己。
②從整體脈絡去理解為什麼自己會陷入困境，找出導致困境的核心原因。
③察覺有哪些特定模式和思維陷阱（隱形敵人），可能為自己帶來不幸。
④避免落入困難模式與陷阱，嘗試不同的解決方法。

從步驟①開始，按照步驟逐步實行，當你完成步驟④時，你的「**後設認知**」

（metacognition）技能應該已經成長得差不多了。

後設認知指能夠稍微保持距離、用客觀的角度，針對自己的認知進行判斷，例如：「我是這樣感受的」、「我是這樣想的」。

換句話說，後設認知是一種認知自己的認知，也就是認識自己的能力。舉例來說，就像是螢幕外的自己，觀看並評估著遊戲畫面中身為玩家的自己那樣。而能夠控制自己，並在各種情境中採取最適當行動，是一項不可或缺的技能。

我認為，後設認知是對抗「活得很痛苦」這場戰役中最有效的技術之一。如果你能充分運用這項技巧，找到有別於過去的全新做法或人生態度，要擺脫人生困境就會變得容易許多。

☆ 深入了解自己這個「角色」的特性

徹底「認識自己」，是對抗「活得很痛苦」這場戰役的第一步。

只要明白自己的角色類型，就能更有意識地避開「人生困境」所設下的陷阱。

在ＲＰＧ中，遊戲角色通常會分為「戰士」和「術士」等類型：

▼戰士型角色：力量強大、ＨＰ（生命值）高，但反應速度較慢。

▼術士型角色：ＨＰ和防禦力低，但頭腦聰明且能使用特殊魔法。

每種角色的能力值各有差異，優缺點也不盡相同，能在不同的場景中各自發揮所長。

如果你是術士型角色，卻拿著棍棒或戰斧在第一線與敵人肉搏廝殺，顯然會非常辛苦，不是明智的選擇。但假如你知道自己是術士型角色，不適合肉搏戰，選擇站在遠處施展魔法，這樣的戰術比較符合你的角色特性。

就像上頭例子所述，掌握清楚自己屬於什麼類型的角色，是迴避痛苦的重要關鍵。

現實生活中，許多人往往因為角色配對錯誤而感到痛苦。比如：明明比其他人都要來得細膩敏感，卻從事客服這種需要應對大量粗暴客訴的工作；又或是，明明不喜歡站在台前，偏好幕後支援，卻不得不積極地提案或是在外頭跑業務。

當然，有些情況可以靠技巧或經驗來彌補，但就像明明是右撇子，卻硬要用左撇子的剪刀一樣，做事效率難免打折扣。如果從事不符合自己特質的工作，壓力自然隨之而來。

我們的身心就像精心設計而成的系統，做不適合自己的事，當然會感到不舒服，日子越過越痛苦。

因此，我們必須認識自己屬於什麼類型，並刻意避開那些可能帶來痛苦的「人生困境」。

九成的自我認知都錯得離譜？

人生經驗累積到某種程度後，大部分的人可能會很有自信地說：「我很清楚自己是什麼樣的人。」

然而，我想分享一個令人震驚的事實。

那就是「大部分的人其實都不怎麼了解自己」。

各位聽過「達克效應」（Dunning-Kruger effect）這個心理學詞彙嗎？

達克效應是在描述非常諷刺的現象——能力較低的人，往往容易高估自己的能力。

根據組織心理學家塔莎．歐里希博士（Dr. Tasha Eurich）的研究顯示，約有九五％的人自認「非常了解自己」，但真正了解自己的人僅占一〇％到一五％。

換句話說，約有九成的人，對自己的認知是有「偏差」的。

這可能讓人難以接受，但現實情況就是，大多數人「並未正確地了解自己」。

而幸福快樂的人，絕大多數都非常了解自己。

當你了解自己、掌握自己的特質與技能，你會更容易與世界建立連結，也能更輕鬆地讓自己保持好心情。

這就是具備「自我覺察」的能力。研究證實，**自我覺察與幸福感之間有著密不可分的關係。**

讓我們以「歌唱得好不好聽」為例，一起來想想看。

假如滿分是一百分，你的歌喉有九十五分的實力，但你卻認為自己只有二十分，如此低估自己，會使你無法發揮原有的才能。無論身邊的人再怎麼懇求你開金嗓，你恐怕只會感到困擾。

相反地，如果你的歌喉實際只有二十分，卻很有自信地認為自己有九十五分，這種錯誤認知可能會讓你陷入與他人期待的落差之中，而痛苦不已。比如，經常舉行獨唱會的胖虎，便是最典型的例子。

這兩種人似乎都難以感到真正的快樂，對吧？

環顧四周，要找到「不了解自己卻活得很幸福」的人，恐怕很困難，你覺得呢？（笑）

我們常常會覺得別人：「這個人太不了解自己了。」卻很少有人能用相同的標準來批判自己。想充分了解自己，真的是相當困難的一件事。

從「框架」中獲得線索與靈感

那麼，若想正確地了解自己，該怎麼做才好？

在遊戲中，你可以透過點選「狀態頁面」，來檢視自己屬於什麼類型的角色，但現實生活中，並沒有這樣的便利工具可以使用。

當你面對一件難以理解的事情，卻又希望能深入了解時，可以從「病名」或「特徵」等「框架」開始著手。古今中外的賢者，依據人類行為與心理模式的研究，提出了各式各樣的框架。這些從大量案例中整理而成的分類方法，具有一定的客觀性。而在「正確理解自己」這項非常困難的任務中，這些框架可以為我們提供很大的幫助。

此外，能將自己的特徵歸入某種診斷或特質框架，也意味著，世上有許多人和你一樣，正在為類似的課題而苦惱。

換句話說，這表示我們可以「充分利用前人為克服痛苦所累積的智慧」。與其獨自從零摸索，不如參考前人智慧，幫助自己思考出更多有效的策略。

接下來，我將參考古今中外賢者整理的病名與特徵，依序說明**「活得痛苦的人最常見的三種類型」**。

類型①：容易憂鬱的「認真英雄」。

類型②：過度敏感、活得很累的「魔法師」。

類型③：心理距離失衡，可分為「近距離／遠距離」型。

我向患者說明這三種類型時，他們常常會興奮地說：「沒錯，那就是我！」或「天啊，這不就是在講我嗎！」

HP 20/100
白魔法師
容易被帶刺、傷人的話語給刺傷……
查看自己的能力和特質！

一提到「類型」，許多人可能會聯想到所謂的「MECE」（Mutually Exclusive, Collectively Exhaustive，意即彼此獨立、互無遺漏）。也就是說，大家或許直覺以為符合其中一種類型時，就不會有其他類型的特質。

然而，這裡所謂的「類型」，主要是根據「思考特質與行為模式」所做的分類。

但就像現實生活中，有的人「既善良又心思細膩，但有時也很容易生氣」，一個人同時擁有多種氣質和特質並不稀奇。因此，有些人可能會說：「我符合所有的類型。」也有人或許會認為：「我符合類型一和三，但不太符合類型二。」

符合其中一種類型，並不代表你沒有其他類型的特質。因此，希望大家能逐一了解這三種類型，藉此更深入地認識自己。

透過「類型」來分類，並不是為了「強行將人塞進框架中進行評斷」（這是粗暴且不公平的行為）。

類型只是一種工具，幫助我們更深入了解自己。如果你符合某些類型的特徵，可以視其為未來改善的參考，這才是類型的真正目的。

在《最終幻想》（FINAL FANTASY）系列的RPG中，有一種叫做「窺伺探測」（libra）的魔法，能夠看破敵人的能力值、剩餘血量和弱點等資訊。你可以把「了解自己的角色類型」，想作是對自己施展「窺伺探測」魔法，幫助自己擬定更有效的對策。

類型① 憂鬱傾向型人格

容易憂鬱的「認真英雄」

首先，要介紹的第一種類型是「容易憂鬱的『認真英雄』」。

如果有人對你說：「你的個性很容易憂鬱，甚至可能罹患憂鬱症」，你有何感想？

很久以前，許多專家便提出過這種性格傾向，其中最著名的便是「**憂鬱傾向型人格**」的概念。從字面意思來看，「憂鬱傾向型人格」就是「容易憂鬱低落的性格」。

實際上，任何性格的人都有可能變得憂鬱，因此符合這個性格類型並不意味著你的心理健康出現什麼重大問題。然而，從「深入了解自我」的角度來看，這是非常有幫助的思考工具，因此很值得介紹一下。

「憂鬱傾向型人格」此一概念由德國精神醫學家胡伯圖斯．泰倫巴赫（Hubertus Tellenbach）提出，他指出「憂鬱傾向型人格」具有以下特質。

▼恪守規則和秩序。

▼一絲不苟。

▼對自己的工作有極強的責任感。

▼完美主義。

▼非常重視他人。

▼為他人著想、守紀律、誠實。

▼為避免衝突和摩擦，願意犧牲自己或讓步。

這樣的人格特質，使這類人在學校中通常是「優等生」，在職場中則是「有能力的同事」。這種性格在組織生活中堪稱模範，往往能贏得大家極高的評價。

而他們之所以會「恪守決定好的規矩、規範」，是因為憂鬱傾向型人格的核

▼憂鬱傾向型人格

責任感強

總是以旁人為優先

太顧慮他人的評價

心特徵之一，是「秩序導向」。此一特質往往有助於他們獲得高度的評價，達到較高的工作品質。

☆ 壓力爆表的你，就像一輛「沒有煞車的超級跑車」

這類人因過度拘泥於嚴格的「自我規範」，常常無法轉換心情，容易將工作壓力帶入私生活。有未完成的工作時，他們往往無法放鬆或休息，這些特質也成為其弱點。

從壓力管理的角度來看，這樣的性格可能帶來以下負面影響。

▼過度注重秩序，較難適應變化。

▼缺乏彈性。

▼不擅長依賴他人。

▼完全無法「放鬆一下」或偷閒片刻。

▼過度在意別人對自己的看法。

這些人通常不擅長向他人傾訴，也很少主動求助。或許是因為他們真的太優秀了，長久以來已經習慣靠自己解決問題，**幾乎不曾真正向他人尋求幫助**，這種情況不在少數。

因此，即使壓力遠遠超出自己的負荷，**他們也會因為在意別人的評價，不敢休息，逼自己繼續努力工作到極限。而這樣的性格常讓他們的身心不堪負荷，更成為罹患憂鬱症的高危險群。**

此外，他們通常深受周圍人的信任，經常攬下組織中最棘手麻煩的工作。由於不擅長拒絕，使他們的工作量不斷增加，容易超出負荷。

特別是那些學業或工作一帆風順的人，第一次遇到挫折時，可能因適應不良而陷入困境，不得不留職停薪休息，陷入「**職場適應障礙**」。

有些能力非常好的人，經常以滿足他人的期望為樂。這些期望成為驅動他們

的動力，也使他們不斷將油門催到底，隨時高速向前衝。

我將這種狀態形容為「**沒有煞車的超級跑車**」。

除非撞上圍欄（如身體出現問題，迫使他們不得不請假休息），否則即使壓力再大、痛苦再多，他們也都很難停下來。

在《瑪利歐賽車》中，如果掉出賽道，球蓋姆會將你釣回正軌。但在現實生活中，並沒有球蓋姆這樣的支援角色。一旦生活脫軌，失去的東西恐怕會比兩枚金幣還要來得多。（注：球蓋姆是一隻會飛的烏龜，是經典賽車遊戲《瑪利歐賽車》中的支援角色。球蓋姆負責打起跑信號，並引導賽道方向。

而對被釣回賽道的玩家，球蓋姆會沒收兩枚金幣作為「罰款」。）

四個要點，幫自己的心踩剎車

為避免自己成為「沒有煞車的超級跑車」，以下四個要點能幫助我們適時踩剎車。

▼① 清楚認知自己的抗壓性其實不高

首先也是最重要的一點，就是要認知到：「自己的抗壓性其實沒那麼強」。了解這一點，能幫助你更準確預測自己在壓力下可能的變化，進而找到合適的應對策略，大大提升預防效果。

▼② 確認對方對成果的具體要求

這種類型的人往往連提交資料時，也企圖要做到「自己心目中的一百分＝完美」。但對方的期待未必和你一樣嚴苛。

因此，你可以提前確認對方的要求，例如：「報告的初稿提供約五頁A4紙的內容可以嗎？」或是「大概準備十張簡報就可以了嗎？」

透過這樣的確認，了解對方對成果的期待，以此為基礎再稍微提升成果品質，便足以維持對方對你的良好評價，無須過度消耗自己。

▼③ 用「小事」練習求助

無論面臨多艱難的挑戰，只要你能向信任的人求助，就不太可能被壓垮。

求助是生活中非常必要的技能，但它並非與生俱來的能力，而是一種進階技能，必須在「對外尋求多少幫助」與「求助的時機」等條件之間找到平衡，且需要透過練習來提升熟練度。因此，我建議各位從「沒什麼大不了的小事」開始，向你信任的人提出小小的請求，像是「能幫我看一下這份文件嗎？」或「方便幫我拿個東西嗎？」這些微小的練習，能幫助你逐漸習慣對外尋求協助。

▼④ 別再以他人的期望為人生動力

最後也是最重要的一點，就是要主動為這輛「沒有煞車的超級跑車」裝上「煞車」。

試著清楚掌握自己的體力與心力，感覺到「有點困難」時，不要害怕別人對你的評價可能會降低，試著勇敢說出：「我恐怕做不到」或「今天這件事沒辦法完成」。

而這也是一種難度較高的技能，要做到並不容易。但如果缺乏這項能力，恐怕會重蹈覆轍，陷入「不撞牆就停不下來」的惡性循環。

讀到這裡，有些人可能會覺得：「雖然這樣說，但真的很難做到。」這種憂鬱傾向型人格與接下來要討論的「ＨＳＰ」（高敏感人格）和「依附型人格」有密切的關係。進一步了解這兩種人格特質，有助於你更深入地認識自己，並找到更合適的因應之道。

類型② HSP

過度敏感而活得很累的「細膩魔法師」

接下來要介紹的是「HSP」。

HSP是Highly Sensitive Person（高敏感人）的縮寫，這一概念由榮格派心理治療師依蓮・艾倫（Elaine N. Aron）提出，是心理學領域中非常知名的理論。

顯然，包含人類在內的一切生靈，只要活著，就會受到環境的諸多影響。然而，每個人對環境刺激的敏感度（亦即環境感受性）都不同。即使在相同的環境中，有些人對外界刺激有強烈反應，有些人則幾乎不受影響。而這裡說的環境，不僅包括溫度、濕度、聲音或光線等物理現象，還包括家庭氣氛、人際互動等社會環境。另一方面，近年研究也指出，環境感受性位於前三〇%左右的群體，稱為「HSP」。

你覺得自己符合以下敘述嗎？

▼① 對各種刺激非常敏感

這類人對外部刺激以及他人的情緒反應非常敏銳，而這些刺激往往帶給他們巨大的壓力。

比方說：容易因為強烈的光線、氣味感到不舒服；或因時鐘的滴答聲響而分心，無法專心工作。

▼② 容易受他人情緒影響（同理心過剩）

這類型的人與他人的界線往往比較模糊，容易「吸收」他人的情緒，導致自己過度疲憊。

例如：身邊有人生氣時，他們會下意識地認為對方是在氣自己，因而感到痛苦；看到新聞中的意外或事件時，會像自己親歷般胸口感到壓迫或不安。

▼③ 靈感豐富，直覺與美感敏銳，危險感知能力強

HSP擁有極為敏銳的直覺與感受力，喜好繪畫、文學等藝術活動，能快速察覺他人的需求。

舉例來說：他們能察覺到其他人未注意到的小錯誤，提出貼近顧客需求的創新提案，解決問題的能力傑出。

▼④ 有獨處的時間與維持自己的步調很重要

這類型的人如果受到監視或被催促，容易感到手忙腳亂，進而降低工作品質。若長期無法獨處，則會感到極度痛苦。

你是否也有類似的感受？

如果符合這些特徵，你可能具有HSP傾向。

▼HSP

過度敏感而活得很累的「細膩魔法師」
很照顧他人
能快速察覺到危險
喜歡跟人來往，卻又容易感到疲憊
同理心強
會因為別人吵架
而感到沮喪

看到這裡，有些人或許會覺得，對刺激反應敏感、容易受他人影響的自己，是個「容易為小事煩惱的弱者」、「很想改變這樣的自己」。

然而，**HSP並不等同於軟弱或不夠努力，而是「與生俱來的氣質」**。

「從明天起，我不再看別人的臉色。」「看到社會事件或意外的新聞也能平靜以對。」「我不再因為大聲響或強光感到驚嚇。」想要立即改變自己的敏感度，可能是極具挑戰性的目標。

與其強行改變性格，不如努力提高對自己人格特質的理解，學會運用有效的因應策略。相比之下，這樣的做法不僅更切實可行，難度也相對較低。

HSP並非「活得比較辛苦」

人們對HSP經常有誤解，認為「HSP＝活得很辛苦」。其實HSP只不過是「對環境的感受性較強」、「容易受到環境和他人的影響」罷了，沒有所謂的好壞。過去確實把「敏感」視為「脆弱」的表現，不過近年來各種新的研究，逐漸改變了這樣的認知。

擁有HSP特質的人，處於良好刺激的環境下，感受深刻、成長也相對快；然而，若處於不良刺激的環境裡，受到的傷害自然也比較大。

如果用遊戲來比喻的話，HSP就類似「角色特別容易受到buff（增益）或debuff（減益）等法術或技能施展的影響。」（而buff指的是，施以咒語或使用道具，強化自己的攻擊力、防禦力、敏捷度等等狀態，以在對戰中占上風；debuff則是削弱敵方的能力。）

因此，如果環境合適，HSP不但不會比一般人差，還能徹底發揮潛能與創造力。相反地，HSP的身邊若盡是攻擊性強、控制欲高的人，受到的傷害就會比一般人大很多。

☆「照顧他人」，是高敏感的你擁有的特殊魔法

我認為具有HSP特質的人，就像電玩遊戲中的「魔法師」。玩過RPG的人應該都知道，魔法師不耐打，也非常不擅長肉搏戰。

同樣的道理，具有HSP特質的人，若處於吵雜喧囂的場所，或激烈的商業談判中，恐怕無法充分發揮實力。像我認識一位設計師，他自新冠疫情開始在家遠端上班後，工作品質大幅提升了，他說：「在家工作真是太棒了，我再也不想進辦公室了。」遠距工作減少了他與他人溝通的消耗，讓他得以把自己的MP（魔法值，也就是精神力）全部投注在擅長的「設計」上。這種傾向，似乎在從事創造性工作的人身上特別常見。

此外，正因為高度敏感，他們總是能夠迅速注意到他人的細微變化，例如：受傷、沮喪或情緒波動，也能察覺旁人未發現的危機，並快速制定應對策略。這種能力就像遊戲中魔法師快速發現隊友危機，使用輔助魔法來探敵和迴避危險。

而且ＨＳＰ還能迅速察覺群體中的不和諧，如誰與誰處得不好、老闆的心情不好等。他們通常難以忍受不融洽的氣氛，因此會搶先一步安撫情緒低落的人。這是一種源自防禦本能的生存策略。我的一位高敏感醫生朋友稱這為「照顧他人策略」。

此外，ＨＳＰ在組織中往往扮演「潤滑劑」的角色，因此獲得高度的重視與評價。

從這個角度來看，敏感並不單純只是缺點，它也能成為幫助他人的強大力量。「我太敏感了，好煩啊。」如果你有這樣的想法，不妨試著把自己想作是ＨＰ雖低，但擁有特殊能力的魔法師。

話說回來，「照顧他人策略」如果用得過度，也是一把雙面刃——因為太過在意他人感受，最後往往讓自己身心俱疲。我有一位經常使用「照顧他人策略」的朋友，曾感嘆：「到頭來，我常常將事情攬在自己身上，一肩扛起所有責任。

當這種情況一而再，再而三地發生，我越來越討厭身邊的人，也開始厭惡自己……」這段話讓我印象非常深刻。

希望大家能意識到自己的抗壓性有限，在可接受的範圍內，合理發揮自己的特殊能力，而不是讓這份能力成為壓垮自己的原因。

掌握HSP特質，不再誤解自己

HSP這個人格特質逐漸廣為人知，近來有越來越多的人都表示：「醫生，我覺得我有可能是ＨＳＰ……」當然了，如前所述，由於ＨＳＰ指的是，對於環境的感受性位於群體前三〇％的人，有一定的人數符合這個條件。

ＨＳＰ是一個引發許多人共鳴、分享與討論的概念，但另一方面，它也存在一些必須留意的問題。

ＨＳＰ這個概念之所以廣受大家討論，正因為有那麼多人因為「敏感」而感到痛苦。由於過度敏感，導致融入不了環境，覺得自己格格不入，引發身心問題，進而對生活造成困擾的情況，其實很常見。

當我們深入探討「因為敏感活得很累」這件事情時，可能會發現其他具體的問題，如：遺傳因素導致發展障礙、依附障礙、創傷經驗等等。話說回來，這往往能為當事人帶來「契機」，促進並深化自我理解。同理，ＨＳＰ的概念也有助於我們找到有共同語言的人，讓同樣受苦的人彼此分享困境，甚至促進非高敏感者理解高敏感者的痛苦。

但同時，我也希望大家能了解，ＨＳＰ這個概念其實也伴隨著許多誤解。其中最需要注意的是，目前網路上充斥著許多缺乏科學根據的論述，這些內容可能會造成混淆與誤導。甚至有些人濫用ＨＳＰ的概念，向民眾收取不合理的高額照護或服務費用。

另一個我經常聽到的誤解則是，「ＨＳＰ是一種與生俱來的氣質，所以人際高敏感的特質是不可能改善的」。確實，感受性與血清素轉運體（serotonin transporter）等遺傳因素有關，但先天性因素無法決定一切。

「對人際關係過度敏感」、「畏懼與人相處」這類敏感特質，往往與成長環境或創傷經驗等因素密切相關。而且，如同前面多次強調的，「感受性強」本身並不是壞事，只要處於安定環境，便能獲得極大的正向回饋。此外，遇到願意理解並接納自己的人、建立正向的人際關係，以及後天的訓練，都有機會大幅改善人際互動的困境。所以說，即使很幸運接觸到ＨＳＰ這個概念，若取得的資訊品質參差不齊，反而可能導致錯誤的自我認知，這是我們應該盡量避免的情況。

即便ＨＳＰ這個概念在科學上尚有爭議，也不應因此矮化或輕忽當事人「因敏感而受苦」的真實感受。網路上針對ＨＳＰ缺乏根據的討論或批評，都有可能對當事人造成嚴重的傷害。當「因敏感特質而受到傷害」這個主觀事實確實存在時，任何人都不應該加以否定或輕率批評。

最重要的地方在於，接觸到ＨＳＰ這個概念，能讓人重新審視「自身的敏感度」，並思考：「我這個敏感特質從何而來？」「怎麼做，能讓自己的生活變得輕鬆一些？」如此思索和提問，能更進一步地認識自我。在這樣的過程中，心理醫療專業人員也能提供極大的協助與支持。

有些敏感特質，是可以改變的

想深入理解自己的「敏感特質」，首先必須清楚掌握，自己在什麼樣的情況下（面對什麼樣的刺激），會感到「痛苦」。「高敏感」大致上可以分為三種類型：

▼對「感官刺激」敏感，如：聲音、光線、氣味或咖啡因等等（感官敏感）。

▼對「壓力和環境變化」敏感，容易出現頭痛、胃痛等生理症狀，或是失眠、憂鬱等心理症狀（身心容易出現症狀）。

▼對「人際關係」敏感，因過於害怕得罪他人或被討厭，而太過謹慎和過度討好他人（對人際關係敏感）。

正如阿德勒所說：「所有的煩惱，都來自於人際關係。」在我的門診中，也確實有非常多患者因為「對人際關係過度敏感」而困擾不已。但如同前面所說明的，「人際關係的敏感度」往往與環境因素密切相關。因此，只要掌握自己的狀況，適當地調整職場與生活環境，以及與人相處的方式，就有機會大幅改善人際困擾。

在下一章中，我們將深入探討影響人際敏感度的關鍵因素之一——「依附類型」。

類型③ 依附類型

你是「近距離型」還是「遠距離型」角色？

第三個要介紹給各位的概念是「**依附類型**」。此一概念由英國精神科醫師約翰・鮑比（John Bowlby）提出，主要在探討：**不同的依附類型，會影響我們與他人建立情感連結的方式，以及能接受的親密程度**。

換句話說，依附類型就像是一種「心與心之間的距離感」。

而在RPG中，不同角色擅長的戰鬥距離也不一樣。例如，善於使用刀劍或格鬥技的角色，適合近距離戰鬥；而弓箭手或狙擊手則擅長遠距離攻擊。正如弓箭手會因敵人逼近而感到困擾，人與人之間的心理距離需求也因人而異。

依附類型主要源自幼年時期與照顧者的互動關係，但也會受到後續人生經驗的影響，如霸凌、創傷，或與重要他人的相遇等事件，這些都可能顯著影響我們與伴侶及他人的親密關係。

依附類型大致可分為以下三種：

▼① 安全型依附

此類型的人能自在地與他人相處，並建立起健康的相互依賴關係。他們通常認為人性本善，具備信任他人的能力，情緒也較為穩定。這類人善於在人際關係中建立健康的界線，能夠明確地區分「自己的問題」與「對方的問題」。

如果一個人從小在母親或扮演母職的照顧者身邊成長，並持續獲得穩定的愛與關懷，大多能成為安全型依附者。

▼② 焦慮型依附

這種類型的人隨時隨地都很焦慮不安，擔心自己會遭到拋棄，對環境和他人的反應特別敏感。他們渴望建立親密關係，卻又深怕被拒絕，因此對伴侶的依賴程度很高。

由於缺乏安全感，他們可能會做出限制伴侶行動、測試愛情或試圖支配對方的行為。而關係出現問題時，他們往往認為是自己的錯。

此外，他們也容易將對自己抱有好感的人理想化，很快就進入「戀愛模式」。

一般認為，如果照顧者的關愛不穩定，有時溫柔、有時冷漠，孩子在這樣的環境中長大，就很容易變得缺乏安全感。

▼③ 逃避型依附

逃避型依附的人通常像孤獨的狼，不喜歡過於緊密的人際關係，傾向保持一定距離。

他們視他人為潛在威脅，為了避免衝突，刻意遠離人群。這類人對與他人互動所帶來的「連結感」和「溫暖」的需求較低，而對於描寫親情、友誼與羈絆的電視劇，也往往無感，難以產生共鳴。

即便面對困難，他們也不太會尋求幫助或建議。雖然對伴侶可能有愛，但關

▼依附類型

焦慮型

我喜歡你！
你呢？
你會一直跟我很要好吧？
我能為你做些什麼？
我什麼都願意做，我可以幫忙！

跟人相處太麻煩了，一個人輕鬆又自在。

逃避型

係較為疏離，他們認為「保持距離」才是理想的相處方式。

研究指出，若孩子在成長過程中缺乏照顧者，或即使有照顧者但情緒互動少，他們便容易發展成逃避型依附的性格。

此外，有些人屬於「恐懼型」，這類型同時兼具②焦慮型依附和③逃避型依附的特徵。他們的特質看似矛盾，既「害怕被拋棄」且「對周遭人的反應十分敏感」，同時又認為「親密關係令人恐懼且麻煩」，傾向於「逃避人際關係，偏好獨處」。這樣的特質使得他們在人際關係中表現得相當不穩定。

☆ 如何與「焦慮型」及「逃避型」的人相處？

眾所周知，與安全型依附相比，焦慮型與逃避型這類不安全型依附者的抗壓性相對較低，容易出現身心失調或是覺得生活很痛苦的情況。

前面提到的憂鬱傾向型人格與HSP特質，通常也會受到這種依附類型的影響，彼此間存在一定的關聯性。

而不同依附類型對人際關係的需求與表現，可以用下一頁的插圖來比較與說明。

焦慮型依附的人渴望建立親密的依附關係，甚至可能希望與對方「合而為一」。

當關係順利發展時，他們會感到情緒高昂。然而，一旦關係破裂，他們就會陷入極大的痛苦，感覺自己有一大部分被奪走了。

相對而言，逃避型依附的人則對特定的人際關係不那麼執著。他們對他人的求助或示弱，常感到拘束與壓抑，甚至有逃避的傾向。他們不願意建立需要責任或深厚承諾的關係，偏好過著「孤獨旅人」般的生活。

事實上，逃避型依附的人並非完全缺乏愛與關懷的能力。許多人對自己的「冷漠」或「情感疏離」感到苦惱，甚至自我否定。例如：「我是不是很冷酷、沒人性？」或是「大家都能敞開心胸地給予愛和建立羈絆，但我卻做不到，我是不是有問題？」

▼各依附類型的理想人際關係

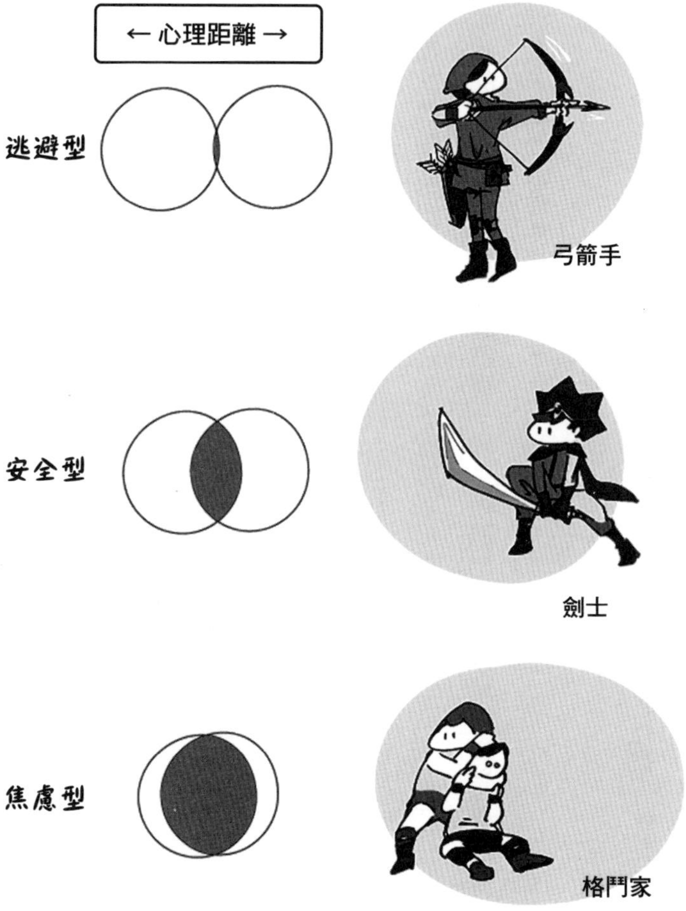

另一方面，**「親密需求」是指一個人想與他人建立親近關係的渴望程度**。如前頁的插圖所示，逃避型依附與焦慮型依附之間的親密需求差異最大，彼此間的磨合也最為困難。如果這兩種類型進入戀愛關係，恐怕會是最折磨彼此的痛苦組合。

了解特徵，便能採取對策

依附關係概念的優點就在於，它強調任何依附類型都不是「病」。雖然安全型依附確實比其他類型更穩定，但這並不意味著只有安全型依附才是「好的」或「值得追求」的目標。**了解自己屬於哪一種依附類型，可以幫助你預測並避免可能出現的問題，進而改善生活品質**。

最重要的是，要了解到每一種類型和行為特徵的背後，都有其正當的理由。沒有人可以選擇自己的童年或成長環境，不同的依附類型，正是人們為適應特定環境而產生的自然結果，並不是「誰的錯」。

然而，依附類型的差異確實會對人際關係產生深遠影響。特別是在建立親密關係（如伴侶關係）時，這些差異可能成為問題的根源。

關鍵在於，了解每個人對理想關係的想像，以及親密需求的差異，同時思考如何面對、處理並尋求折衷方案，才能在雙方之間培養出更健康、更穩定的關係。

依附類型會不斷變化

依附類型並非一成不變，可能因後天的經驗和努力而發生變化。

有研究指出，「運用技巧，有二五％的人能在四年內成功轉換自己的依附類型」。這說明了，依附類型可以在彼此的相互影響下逐漸調整與改變。

有些人雖然在成長過程中缺乏穩定的環境，但因為後天的生活方式或經歷重大轉捩點，最終得以擺脫困境。

關鍵就在於，有沒有「可以作為榜樣的人際關係」。

我喜愛的超人氣漫畫《JoJo的奇妙冒險》第五部中，主角喬魯諾的故事正是典型例子。這邊我想跟各位介紹一下他童年時期的一段故事。

喬魯諾的童年缺乏母親的關愛，對愛幾乎一無所知，更長期遭受義大利繼父的家暴。他養成了看人臉色的習慣，還長時間遭到鎮上居民的欺侮霸凌。他認為自己是「這個世界的廢物」，內心逐漸崩潰、扭曲。

然而，喬魯諾遇到了人生轉捩點。

有一天放學時，喬魯諾發現圍牆陰影處躺著一個滿身是血的男人。當時，幾名黑幫分子正追捕著這名男子，質問喬魯諾是否知道他的去向。喬魯諾對這名受傷男子一無所知，但他從對方身上感受到「孤單與寂寞」，彷彿看到自己的影子。因此，他選擇說謊，隱瞞了對方的行蹤。

數日後，這名男子再次出現在喬魯諾面前，向他道謝，並說道：「我永遠不會忘記你的恩情。」之後便離開了。

從那天起，喬魯諾的生活發生了巨大改變。他的繼父不再對他施暴，村莊裡的惡霸也開始善待他，甚至在電影院裡讓座給他。

原來，喬魯諾當時幫助的男子是一名黑幫老大。為了報答喬魯諾的救命之恩，這個黑幫老大暗中守護著喬魯諾。

喬魯諾原本認為自己是「這個世界的人渣」，但這位黑幫老大卻尊重他，把他當作真正的人來對待，這徹底改變了喬魯諾的想法。喬魯諾的眼神不再充滿輕蔑與不屑，開始閃爍著希望。喬魯諾並非從父母身上，而是從那些逞兇鬥狠的幫派分子身上，學會了人際關係中最重要的基礎——信任他人。

「就這樣，喬魯諾・喬巴拿不再憧憬要當上義大利足球明星，而是夢想成為『流氓巨星』。」

喬魯諾的故事完美詮釋了依附類型與人際關係的核心本質。

值得注意的是，這位黑幫老大在幫助喬魯諾的同時，也為自己立下一條原則：絕不能讓喬魯諾踏入黑幫的世界。這段關係既充滿感激，也不過度依附，彼此之間保持著應有的界線與尊重。對喬魯諾而言，能遇到一位真正將他當作

「人」對待的大人，讓他得以建立起健康且穩定的人際關係。喬魯諾和那位黑幫老大之間的人際關係，堪稱「教科書式的理想範例」。

就像這樣，即使與照顧者之間的關係並不健全，**只要遇到一位「把自己當作人看待並給予尊重」的人，與這個人之間的互動，便能大大改變我們建立人際關係的方式**。

借用已故作家小池一夫的話來說：「傷害人的始終是人，而治癒人的也永遠是人。」

要找到一個能改變自己人生、「值得信賴的人」，是一件非常困難的事，甚至可以說要靠運氣。

儘管如此，**「所有人都不該絕望」，這點非常重要**。

即使在尋找過程中遭遇失敗，也可以從錯誤中學習，**逐漸在腦海中建立起「值得信任的人」和「不值得信任的人」的形象。隨著時間的推移，便能逐漸增加與標竿人物相遇的機會**。

▼專欄

遇到「成就黑道」，先逃再說！

「我現在大學四年級了，還沒找到工作。每當有人問我喜歡什麼、想做什麼工作，我的腦袋就一片空白。看著已經找到工作的朋友，總覺得自己很沒主見，而感到更加沮喪。」

我把那些過分要求他人說明夢想和目標的人，稱為「成就黑道」。

「你的夢想和目標是什麼？」「你想要達成什麼目標？」這些「成就黑道」偏執地要求別人講出遠大的目標與夢想，但**實際上只是把「擁有遠大目標才是對的」的價值觀強壓在他人身上而已**。

我們活著，不是為了「滿足別人的期待」，**「讓自己過著滿意且幸福快樂的日子」才是最重要的**。

「我想每個禮拜都回老家陪家裡的狗，所以想找一份不需要出差或調職的工作。」

「我不想早起，所以想找離家近的工作。」

這些理由或許在別人眼中微不足道，但如果這些目標能提升你的幸福感，它們就是非常棒的人生價值觀。

首先，我希望你能誠實地面對自己，試著找出那些讓你感到快樂的瞬間。例如：「我在這個時候感到很舒適愉快」、「這樣的生活讓我覺得很快樂」。這些微小的夢想與目標，能引導你邁向幸福快樂的人生。

近年來，「提出清晰的遠大目標或夢想，是值得稱許的事」的想法，似乎在日本越來越流行。然而，這其實是最近才受到推崇的一種價值觀。

我們一點也不需要強迫自己，去迎合社會期待的「人生價值觀」。希望各位只要先來思考一下：**自己到底想活出什麼樣的人生**就好，這是第一步。

加快好奇心的啟動速度

那麼，該如何找出自己真正想做的事情？

我的朋友、專案製作人吉田將英曾說過：

「在什麼都還沒嘗試之前，很難判斷『自己到底想不想做這件事』。因為『想做的事情』常常與『曾經做過的事』密切相關。」

也就是說，沒嘗試過，你根本無法知道自己到底想不想做這件事。因此，踏出第一步先嘗試看看非常重要。為了讓自己更容易邁出這一步，吉田尤其提倡「加快好奇心的啟動速度」。

「如果你拿到了一張卡片，就把它翻開看看。隨時保持好奇心、不要踩煞車。如此一來，你便可以踏出第一步。」

假如你不斷問自己：「我到底想做什麼？」恐怕怎麼想也想不出個所以然。不要過度糾結於「到底要做什麼」，**稍微想一下之後，就馬上嘗試看看**。

嘗試一次就不做了也好，「覺得一點也不有趣」也沒關係。只要保持好奇心，多方嘗試各種事物，一定會遇到讓你覺得「這好像蠻有意思」的東西。只要有一件事讓你產生「想再試一次看看」的念頭，那就足夠了。我相信，透過不斷的嘗試與累積，總有一天你會找到真正「想做的事情」。

Stage

3

Title

及時閃避！
識破「隱形敵人」的
侵蝕身心術

我們容易陷入的「不幸模式」有哪些？

在Stage 2中，我們討論了人格的「類型」，幫助你更深入地認識自己。

我認為，前面提到的憂鬱傾向型人格、HSP、焦慮型依附、逃避型依附等類型的人，都是因為有某些「慣性的行為和思考」，加劇了他們的痛苦，而感到生活更艱難。

在這一章，我們將深入探討這些「習慣」。

這些行為和思考習慣，通常連當事人自己也察覺不到，它們就像是一種「不快樂的模式」，讓人不自覺地重複陷入困境之中。

不幸也有其模式

陷入相同的模式，
不斷犯下同樣的失敗

其實，世界上的任何事物都有其「模式」。舉凡武術、工藝、商業，甚至連「呼吸」，都有特定的模式。同樣地，不快樂也有其「模式」。

換句話說，覺得生活痛苦、日子難過的人，經常陷入「同樣的失敗模式」。

雖然每個人的情況各不相同，煩惱也千差萬別，但這些模式之間大多有一定程度的相似性。

這並不是說，一切都是容易陷入不幸「模式」的人自己的問題。出生與成長的環境，自然而然塑造了我們的行為和思考習慣，因此很難單純將種種困境歸咎於個人。

人們的行為和思考方式不是輕易就能改變的。所以我常常覺得：「假如我有相同的經歷，恐怕也會陷入相似的不幸『模式』裡。」

然而，成長環境所塑造的「不幸模式」，並不需要伴隨我們一輩子。只要能覺察行為和思考習慣背後的根本原因，並逐步修正這些習慣，說不定就能找到擺脫不幸模式的方法，開闢出另一條人生道路。

這樣做，也有助於你逐漸擺脫人生困境。

我將這些讓我們陷入負面模式的**特定行為與思考習慣命名為「隱形敵人」**。接下來的章節將一一解析這些隱形敵人。

我之所以稱它們為「隱形敵人」，是因為若無法察覺它們的存在，就無法對付。但只要將導致焦慮、內疚、煩躁等負面情緒的「隱形敵人」具象化，就能逐漸降低陷入不幸模式的機率。

☆小心「隱形敵人」的操控，不要隨它們起舞

在對抗「隱形敵人」時，我希望各位能先了解兩件事。

第一，「感受到負面情緒本身並不是壞事」。

當我們談到引發焦慮、不安、罪惡感和煩躁等負面情緒的「隱形敵人」時，很多人會誤以為自己「不應該有這些情緒」，但其實並非如此。

負面情緒是人身心自然產生的「反應」，就像「天氣變熱會流汗」或「喝了可樂會打嗝」一樣，感受到負面情緒本身並不是什麼壞事。我們真正需要對抗的，不是負面情緒本身，而是那些造成負面情緒、讓我們長期陷入負面狀態，進而消耗能量、導致不幸的「行為與思考習慣」。如果我們試圖壓抑自然產生的情緒，往往會加重心理負擔，最後使內心扭曲。

因此，我希望各位不要壓抑自己的情緒感受，而是察覺什麼樣的「行為和思考習慣」造成負面情緒的產生，並冷靜地思考如何改變這些習慣。

另一個就是，不要因「隱形敵人」引發的負面情緒，做出**「反射性的行為」**。

「隱形敵人」會在我們未察覺的情況下，操控我們的想法與行為。如果你毫無察覺，就可能受負面情緒的驅使，做出讓自己後悔莫及的事情。

比如，吵架時在氣頭上脫口而出的「情緒化語言」，就是反射性行為的典型案例。

冷靜下來後，你或許會覺得「明明不需要講得那麼難聽」，但這些話語卻可能對你與重視的人之間的信任，造成無法挽回的傷害。這些因衝動言行帶來的遺憾與失落，不僅會影響你的人際關係，甚至可能嚴重打擊你的自尊心。

這種狀態，就像**遭到「隱形敵人」的操控，讓你喪失主導能力，發出了「攻擊」**。

「隱形敵人」是非常難纏的對手。

面對這樣的敵人，首先必須清楚它們的真面目，更重要的是，學會冷靜應對，並找到有效的策略來對付它們。

如果你能意識到「隱形敵人」的存在，並懂得以不同的方式應對，而非任由它們操弄你的行為模式，就有機會用不同以往的方式，開展人際關係。

利用「後設認知」這項武器來迎戰

察覺「隱形敵人」的好處在於，它能提升你的「後設認知」。

如前文提到的，「後設認知」指的是「對自我認知的覺察」。具體來說，就是能夠**掌握「自己此時此刻的感受和想法，以及為何採取這種行動」**。

舉RPG的例子來說，這就像你跳脫遊戲畫面，從真人玩家的角度，來理解自己作為遊戲主角，在戰鬥時是依據什麼樣的邏輯（思考和行為模式）採取行動。

只要你能清楚了解「隱形敵人」是什麼，便能運用後設認知，**察覺到：**

「啊，現在我可能正受到『隱形敵人』的攻擊」，或者「我的想法遭到『隱形敵

人」的操控了」。

如此一來，一旦出現陷阱，馬上就可以察覺陷阱的存在，避免自己落入不幸模式。沒有人會明知前方有陷阱，還故意掉進去（除了諧星出川哲朗和搞笑團體鴕鳥俱樂部之外）。只要知道「陷阱」在哪，就有機會避開它。

後設認知這股力量，**可以幫助我們將「人生困頓、身心俱疲」這種模糊未知的痛苦綜合體，轉化為可以因應與處理的「課題」**。

因此，為了掌握後設認知這項武器，讓我們一起來了解讓你陷入不幸模式的「隱形敵人」（思考與行為模式）究竟是什麼。

隱形敵人①「應該思維」

束縛人們的「詛咒鎖鏈」

第一個「隱形敵人」**是「應該思維」，也就是「必須這樣做」的思考習慣**。

有位患者曾因為某種原因前來看診。她說：

「我是一名業務，但業績遲遲沒有起色，讓我覺得很痛苦，甚至不想上班……我應該繼續留在公司嗎？我真的對身邊的人有幫助嗎？這讓我感到非常不安。」

仔細聆聽她的故事之後，我們發現，讓她感到痛苦的隱形敵人正是「應該思維」。

她說：「上個月，我已經達成了九九％的銷售目標，但上司卻對我說：『達成九九%跟沒達成是一樣的，請想想怎麼做才能達到一〇〇%。』我和其他同事討論了這件事情，大家總是聊著如何完美達成目標。他們好像都做得很好，只有我辦不到。我每次都告訴自己，下次一定要達成目標……」

她把上司與同事強加給她的**「必須做到完美才行」這個「應該思維」內化到自己身上，因而深感痛苦**。

事實上，職場中潛藏著許多形形色色的「應該」。

▼發生問題時，不要怪罪他人，應該把它當成自己的責任，設法改善。

▼首要目標應是追求成果。假如無法達成，應該思考下一次該如何改進，而不是為未能達成目標找藉口。

▼不要因為與某人合不來就破壞團隊和諧，而應該努力想辦法，試著去喜歡對方。

像這樣，有時「應該思維」會具體化、變成的公司內部標語，有時則是透過與上司或同事的對話，無意識地內化到自己心裡。她可能因為每天都接觸到這些言語，導致「應該這樣做」的想法，逐漸在她心中滋長膨脹。

我跟她說：「希望妳能稍微思考一下。」

「九九分真的等同於零分嗎？妳已經做了非常多的努力，不是嗎？每天打電話開發客戶，瀏覽客戶的網站，深入了解客戶；在拜訪客戶時，也很認真傾聽他們的需求。**假如九九分與零分沒有差別，那是否意味著妳什麼都沒做、什麼都沒達成？但那樣的認知真的正確嗎？持續改進，往更高的目標邁進，這樣的態度當然很好，但我們應該分清楚，『認可自己做到九十九分的進展和努力』，以及『從中尋找可以改進的地方』，兩者是不一樣的。**」

她聽完後，彷彿放下心中的一塊大石頭。

她說自己在不知不覺中，將上司認為的「常識」視為理所當然的標準，沒有意識到這個「應該」讓她如此痛苦。

那個「應該」或許是「詛咒裝備」

或許有許多人和她一樣，**未察覺到那些別人強加於自己身上的「應該思維」，其實正是痛苦的根源**。

越是認真且全盤接受他人說法的人，越容易接受別人強加在自己身上的「應該」，並努力去迎合它，不惜耗盡心力甚至傷害自己。這本書的讀者中，恐怕也有不少人是如此。

這類「應該思維」的麻煩之處在於，在某些情況下，它的確能帶來很好的效果。

例如，保持著「九九分就是零分」的思維，有時能讓人為了追求一百分而爆發出極大的動力。她的上司或許正是基於自身過去的成功經驗，才做出那樣的發言。

但你有辦法持續數十年，不中斷地展現那樣的爆發力嗎？

如果你還年輕，對體力充滿自信，也許能做到。但隨著年齡增長，或許你已經成家且育有子女，體力也漸漸衰退。在這樣的情況下，真的能一直以「一百分」為目標嗎？

在遊戲中也是如此，隨著你的等級或任務發生變化，你必須不斷捨棄舊裝備，換上新裝備。

然而，「沒拿到一百分，就等於零分」這種追求高效率的「應該思維」雖然威力強大，但同時也帶來不小的缺點，就像「**詛咒裝備**」一樣。你需要重新審視，這個「應該」對於現階段的你是否真的必要。

☆ 如何放下「應該思維」？

那麼，該怎麼做才能放下這些「應該思維」？

首先，**你需要把自己擁有的「應該思維」轉換成語言，或具體化為實際看得到的文字**。你必須知道究竟是什麼在折磨你。換句話說，如果不知道「敵人」是誰，就無法正面迎戰或戰勝它。

想要具體化「應該思維」，我的建議是，**試著把注意力放在自己那股煩躁或憤怒的情緒上**。

舉例來說，以剛才提到的患者為例，她每天都會產生這樣的念頭：「對無法百分之百達成目標的自己，感到非常惱怒。」當你逐步探究這份惱怒的情緒時，會發現它背後隱藏著一個「應該思維」：「我應該百分之百達成目標，只達成九九％是不夠的。」

再舉個例子，當你覺得「下屬每次都在會議開始前一刻才出現，真令人火大」，這情緒背後可能隱藏著「開會時應該提前五分鐘到場」或「下屬應該比上司更早到會議室準備」等應該思維。

人們之所以感到憤怒，往往是因為牴觸到他們重視的「應該」。

當你感到憤怒、煩躁或不適時，請將這些情緒寫下來，記錄在日記或筆記本中，然後試著找出隱藏在其中的「應該」，並將之具體化為文字。

以下列舉幾個從憤怒情緒中察覺到「應該」的例子：

▼先生完全不分擔育兒，讓我感到很憤怒。↓照顧孩子應該是夫妻共同的責任。

▼我不喜歡現在年輕女生用奇怪的「簡稱」說話。↓她們應該使用正確的詞彙與語言表達。

▼下屬用LINE通知我要請假，讓我覺得很不舒服。↓請假應該用電話通知才對。

▼在酒席上，看到上司的杯子空了，年輕後輩卻不幫忙倒酒，讓人很惱怒。↓應該對上司恭敬有禮，隨時留意上司的酒杯是否需要斟酒。

▼伴侶對你說謊，你感到很震驚。↓情人之間應該誠實以待，坦誠相對。

▼唱卡拉OK，別人第一首歌選抒情歌，讓人覺得有些奇怪。↓唱卡拉OK，第一首歌應該選擇能炒熱氣氛的歌曲。

「應該」越多，越可能成為「難搞魔人」

如果你能以憤怒為線索，將自己心中的「應該」具體化為語言或文字，下一步就是思考：這個「應該」是否真的能為你帶來快樂。

我認為，**真正能讓人快樂的「應該」，在人生中屈指可數**。無法直接為你帶來幸福的「應該」，抱著也沒什麼意義。

在現代社會，「結婚對象應該是公務員或金融業的人」、「男人不應該進廚房」這類想法，真的能為你帶來幸福嗎？**「應該」的真面目，只不過是他人的價值觀罷了**。

過去被視為「正確」的價值觀，隨著時代變遷，可能早就不適用了。

此外，「應該」之所以讓人無法感到幸福，另一個原因在於它與「憤怒」緊密相連。

心中的「應該」越多，憤怒情緒就越多。而憤怒是一種自我傷害的情緒，沒有人希望每天都活在憤怒之中。

坦白說，**「應該」特別多的人，往往是「難搞魔人」**。這些人就像「地雷」，難以相處，令人捉摸不定，不知道什麼時候會引爆、突然生氣。面對這種人，身邊的人也只能小心翼翼地應對，生怕一個不小心就惹怒對方。這樣的相處方式，對周圍的人來說無疑是莫大的壓力。

你想成為這樣的人嗎？

憤怒管理（管理憤怒情緒的心理訓練）中有個概念是：「**所有的『應該』，與荷包蛋該沾什麼醬料，是同一個層次的事情**。」

即便你喜歡在荷包蛋上撒鹽或淋醬油，也不會因為有人荷包蛋喜歡加明太子美乃滋或香醋，你就覺得「這成何體統，無法接受」而氣到抓狂。

換句話說，你認為「應該做到的事」，在別人眼中可能跟「荷包蛋要加什麼醬料」沒什麼兩樣。對於周圍的人來說，因為不重要的事情而生氣的人，就只是個「討厭鬼」而已。能夠接受他人的價值觀與自己有所不同，才是真正「有肚量」的人。假如你不再因雞毛蒜皮的小事生氣，而是接受「原來別人的『應該』和我的不一樣」，你不僅會覺得輕鬆，周圍的人也不會再視你為「難搞魔人」。

尤其是那些自認是「常識」的事情，我們很容易錯以為自己的「應該」是絕對正確的，從而失去與他人溝通的空間。這一點需要特別注意。

我常常建議那些因為太多「應該」而感到痛苦的人：「你現在可能有四百多個『應該』，但請努力將它們限縮到三、四個。針對那些能為你帶來幸福的『應該』，就請堅持下去；而看似無關緊要的事情，請放下它們，和它們說再見。**若有些『應該』無論如何也無法放手，不妨將它們視為你的『信念』，好好珍惜。**」我將這個過程稱為「**應該的斷捨離與聚焦**」。

越能放下那些不必要的「應該」，生活就越輕鬆自在。隨著憤怒減少，你的肚量會變得更大，也會變得更平易近人，與他人的溝通品質自然會提升。

本章開頭提到的那位女性告訴我，當她回頭審視自己後，發現「目標必須百分之百達成，只達成九九％是不夠的」這個「應該」是讓她無法快樂的原因。她意識到，認同並讚美那個達成九九％目標的自己，讓她能充滿期待地迎接每一天，這樣的心態反而讓她的業績表現更好。

希望你在察覺自己的「憤怒」後，能問問自己：「這個『應該』真的能讓我快樂嗎？」

讓你從「應該」解脫的轉念法寶

然而，個性越認真的人，越難從「應該」中解脫。我明白，要你從那些相信了數十年的「應該」中走出來，並不是容易的事。因此，我還想給你一個建議是，試著將「我應該……」轉換成「我喜歡……」

我有一位患者非常溫柔體貼。每當大家聚在一起時，他總是團體中的焦點，不斷提出各種話題，讓氣氛熱絡起來。然而，這樣的想法卻讓他深感痛苦：「我因為太顧慮每個人，不僅無法享受當下，甚至只要發現有人露出一點點不開心的神情，就覺得這全都是我的錯。」

他心中的「應該」是：「我應該讓所有參與的人都很開心。」

在與他討論後，我們決定用「興趣」來取代「應該」。比方說，「讓現場所有人都開心，是我的興趣。」如果只是「興趣」，那就不必執著於要盡善盡美，也不會被這個概念束縛。當你感到疲憊時，不一定非要勉強自己扮演那個炒熱氣氛的角色。而是等到你有興致，可以心甘情願地投入其中。

一旦能將「應該」轉換成「興趣」，你會發現自己更能享受其中。

「應該……」的思考方式，有時會讓人感到痛苦。

但我並不是要你完全放棄它。

有時候你選擇遵從它，有時候不會。最好的方法就是放輕鬆、將之視為：「這是我喜歡做的事，是我的興趣。」這樣一來，就不會被「應該」所困住了。

應該
不做不行
興趣
做不做
都可以。

試著想想看
「這只是個興趣」
這個任務也只
不過是討大家
開心而已。
應該要……
應該要……
丟
啊—
假裝沒看到
好了。
管他的

隱形敵人② 反芻思考

讓負面情緒延長的麻煩存在

第二個隱形敵人是**「反芻思考」**。

反芻思考指的是，腦中反覆回想自己的缺點、不安、焦慮，以及過去的失敗或痛苦經驗。這種狀態就像發生不愉快的事情時，感到**「悶悶不樂」**或**「耿耿於懷」**。

研究顯示，反芻思考頻率越高的人，生活越痛苦，他們不僅問題解決能力較低，還容易睡眠不足、感到憂鬱，整體幸福感也因此下降。

反芻思考棘手的地方在於，**它經常讓人誤以為反覆思考是「有建設性的反省」**。你可能認為自己在梳理經驗、借鏡未來，**但回過神時，卻發現思緒的焦點**

始終停留在「自己的失敗」上。

用批判的角度審視自己，的確能帶來成長機會。這雖然需要消耗大量精力，但如果能找出失敗的具體原因，便能大幅修正方向。

然而，**自我批判與自我否定是截然不同的事**。當你問自己「為什麼會犯下這種錯誤？」時，批判性的自我反省可能會讓你感到沮喪。更糟糕的是，這種情緒很容易進一步轉化為自我否定：「為什麼我這麼糟糕？」一旦進入自我否定的模式，便難以找出具體改善方向，也無法敏銳地察覺真正的問題。

「反芻思考」就像在腦海中一手拋出「對自己的負面看法」，一手再接住，永遠停不下來。

然而，**反芻思考沒有辦法帶來有深度的洞察，就只是在「自我否定的惡性循環」裡不斷打轉**，沒有任何領悟或教訓。**雖然名叫「思考」，但實際上幾乎得不出對自己有幫助的結果**。過程痛苦且無收穫，比起「修行」，更像是純粹的「苦行」。

☆絕對原則：不單打獨鬥

身為人類，總會有落入負面情緒的時候。通常經過一段時間，情緒自然會轉變，沮喪的感覺也會逐漸消退。然而，有些憂鬱情緒卻可能持續很久。這往往是因為**我們把當下的沮喪情緒，連結上「不好的回憶」或「對未來的憂慮」。畢竟，反芻思考最愛糾纏過去和未來**。

當我們因挑戰失敗而感到沮喪時，容易將「我真糟糕」的情緒連結到過去的失敗，例如：「我以前也犯過同樣的錯誤」或「我根本沒有進步」。同時，這種情緒也會引發對未來的焦慮：「這樣下去，我永遠無法成為有用的大人。」反芻思考的負面循環就像渦輪引擎，越轉越快，根本停不下來。特別是，自我否定容易讓人沉溺，因而深陷其中無法自拔。

你明明想要「反省」、自我改善，回過神來卻發現自己是在「反芻」、鑽牛角尖。一旦「開啟」自我否定模式，根本無法以客觀的角度，找出自己的問題和需要改善的地方，**只會把焦點放在「糟糕的自己」上頭，越想越討厭自己**。

反芻思考讓沮喪的時間又長又痛苦，還無法加深自我理解。換句話說，「反芻思考完全沒有好處」。因此重點就在於，你必須先意識到自己正在反芻思考，並**盡可能在短時間內跳脫出來**。

我常說：「**在象牙塔裡自省，是在浪費時間**。」這是因為，不斷向自己拋出「為什麼我會……」只會讓自己更受傷，很少能得到有用的答案。

事實上，**與局外人一起思索「為什麼我會……」等問題，成效較佳**。因為從有別於自己、不同的角度切入，能獲得更客觀、更有建設性的見解。

假如獨自思考，你可能根本沒有足夠的知識、經驗或資訊，來幫助你從無解的問題中解脫出來。相反地，如果你能與專家（如心理健康、職涯發展或教練等專業人士）一起探討，他們可以引導你以全新的方式思考。同樣地，即便不是專家，**請值得信賴的第三方陪你一起省思，也能幫助你審視思路的妥當性，給予精闢的建議**。即使遇到困境，身邊有人陪伴，要走出泥沼也會變得容易許多。

另外，把感受到壓力的情緒和事件「寫下來」，也是非常有效的方法。「書寫」的療效相當強大，甚至有「書寫療法」這樣的概念。當你將腦中打結、亂成一團的想法寫下，把問題「置於紙上」，便能在「問題」與「自己」之間拉開距離，從而客觀地審視問題，減輕心理負擔。而將寫下的內容拿給他人閱讀，也是整理思緒的好方法。

除此之外，冥想、瑜伽、深呼吸、有氧運動等活動，對擺脫反芻思考也十分有效。原因在於，這些活動可以幫助你集中注意力於自身，讓你感受到身體只能存於「當下」。

如前面提到的，「反芻思考最喜歡糾纏過去和未來」。一旦「現在」沮喪的情緒與「過去」或「未來」連結，啟動了惡性循環，就會導致負面思緒被無限放大，焦慮感蔓延。而讓身體動起來或冥想，能幫助你切斷這種不自覺的負面循環，將穿梭到過去或未來的心思，拉回到「現在」。

實際上，有大量證據顯示，冥想和運動可以有效減少反芻思考。有人曾說：「心情悶悶不樂時，我會跑著上車站的樓梯。」我認為這是非常棒的方法。

反芻思考基本上就是在「浪費時間」。它把不安的情緒與「改變不了的過去」及「害怕不可控的未來」綁在一起，但這只會讓自己停留在負面情緒裡更久，既無生產力也沒有意義。當你察覺自己深陷反芻思考時，盡快讓身體動起來，是非常有效的策略，能讓你迅速擺脫這種狀態。

原來是「大驚小怪妖精」在作怪

當你陷入反芻思考的惡性循環時，若能「從客觀角度觀察現狀」或「與他人一起開懷大笑」，煩惱的嚴重性通常會大幅下降。在與朋友討論這件事情時，我想到了一個有趣的比喻——「**大驚小怪妖精**」。

簡單來說，「**反覆出現的負面情緒，並不是因為你的錯，而是因為有『大驚小怪妖精』在作怪。**」

一旦這個如黑仙子般的「大驚小怪妖精」輕輕地坐到你的頭上，人們便會立刻進入「緊繃模式」。

前幾天，我與一位朋友聊天時，她正處於反芻思考的狀態，心情極為低落。我便開玩笑地對她說：「喔，現在妳被大驚小怪妖精附身了！」她聽了便大笑了起來。

這個「大驚小怪妖精」成了我和一些朋友之間的共通語言。當我們感到沮喪時，便會拿「大驚小怪妖精」開玩笑，如：「大驚小怪妖精又出現了！」「對啊！」這樣聊個五分鐘左右後，就會發現**把問題看得那麼嚴肅有點愚蠢，也能快速從負面情緒中恢復，不會沮喪太久，彼此都開心**。（當然，雙方的關係要能開得起玩笑，對象必須慎選。）

這聽起來或許有些傻氣，但就我的經驗來看，**以「傻氣」對抗「肅氣」其實是相當有效的策略**。我自己就曾多次陷入絕望，卻因為別人對我開了一些看似不恰當的玩笑，讓我能放鬆心情，不再把事情想得很嚴重，內心因此得到救贖。

「一件事是悲劇還是喜劇，取決於當事人的決心。」這句話出自前首相史帝芬·理查森之口。我認為這句話既大膽又辛辣，而且一針見血。（按：這位「史帝芬·理查森」其實是虛構人物，是作者和朋友之間的玩笑哏，來替自己想說的話增添名言感與幽默效果。）

隱形敵人③ 自責思考與他責思考

界線不清楚，心靈的戰場就會動亂不已

第三個「隱形敵人」是**「自責思考」，也就是「都是我的錯」的自我責備傾向**。

例如以下幾種情況，你是否有類似的經驗，覺得「我懂我懂」、心有戚戚焉？

▼**看到要好的同事犯錯，你會不自覺感到自責：「如果我當時幫他一把，可能就不會發生這個錯誤了。」**

▼**伴侶罹患憂鬱症，你每天後悔不已：「如果我當時有好好陪伴他，或許就不會發生這種事。」**

▼沒考上理想的大學，你覺得「辜負爸媽的期待，讓他們失望了。都是我不夠努力，害他們這麼難過。」

當遇到不好的事情時，**總覺得「都是自己的錯」，這便是「自責思考」**。它的麻煩之處在於，即使**實際上並非你的責任，你仍然會覺得「都是自己的錯」**。

要徹底避免工作中的錯誤，根本不可能；伴侶罹患憂鬱症，很可能是因為惡劣的工作環境；再者，上大學是你自己的事，與父母無關，他們只是旁觀者。父母因你的考試結果感到難過，那是他們的問題，你不需要為父母的感受負責。

然而，很多人卻無法接受這些事實，總是認為「一切都是自己的錯」，因此承受著本來不應該承擔的壓力和窒息感。

你的「界線」，有劃分清楚嗎？

那麼，為什麼我們會如此責備自己？「**界線**」這個概念可以為我們提供一些

線索。

亨利・克勞德（Dr. Henry Cloud）與約翰・湯森德（Dr. John Townsend）在他們的經典著作《過猶不及》（*Boundaries*）中，如此說明什麼是「界線」：

界線定義了我們。它清楚界定了我是什麼，我不是什麼；界線也可以標示出我會在哪裡畫下句點，從哪裡開始便是他人的世界，讓我有「所有權」感。

了解自己擁有什麼、應該承擔什麼責任，能帶來自由。假如我明白自家庭院起於何處、止於何處，便能在這個範圍內自由行動，做任何決定。

釐清責任歸屬，人生將充滿更多可能性。若不能「擁有」自己的人生，我們所能做出的選擇與取捨，也將變得極為有限。

換句話說，**界線是用來劃分「自己應該承擔的責任」與「自己無須負責的部分」**。如果這條線清楚明確，你便不會胡亂煩惱「一切都是我的錯」。而那些強烈自責的人，通常是因為對這條界線的意識相當薄弱。

☆ 把「自己的問題」和「他人的問題」區分開來

或許這樣說仍然不夠具體，很多人可能仍無法理解什麼是清楚的界線。因此，接下來我們將透過一些案例，來加深對界線的理解。

讓我們先來看看剛才提到的例子。

▼看到要好的同事犯錯，你會不自覺感到自責：「如果我當時幫他一把，可能就不會發生這個錯誤了。」

這種情況就是，你誤以為同事犯錯＝自己犯錯。換句話說，**你跟同事之間的界線變得模糊不清**。

相反地，能跟他人劃分清楚界線的人，會如下思考。

▼關係良好的同事犯錯了。雖然基本上，那是他的問題，但是他似乎不擅長多工處理，如果他不知道該怎麼辦的話，我來跟他建議看看我現在用的任務管理APP好了。

讓我們來看看另外兩種情況。

▼伴侶罹患憂鬱症，你每天後悔不已：「如果我當時有好好陪伴他，或許就

不會發生這種事。」

↓伴侶罹患了憂鬱症，有可能是長期超時工作、過勞、常常被上司罵所致。我要更花心思在與他相處的方式上。

▼沒考上理想的大學，你覺得「辜負爸媽的期待，讓他們失望了。都是我不夠努力，害他們這麼難過。」

↓爸媽對我期待很高，所以我沒考上理想的大學，他們似乎因此很失落。但這是我自己的人生，一切由我做主。

就像這樣，可以劃分清楚界線的人，能夠把「自己的問題」和「別人的問題」區分開來。

小心！別落入這兩種誤解

那麼，該怎麼做才能清楚劃分界線？

我常告訴我的患者，關鍵在於**不要犯以下「兩種誤解」：第一個是「對責任範圍的誤解」，第二個是「對自我能力的誤解」**。

第一個**「對責任範圍的誤解」，是指誤以為「自己必須為別人的問題或課題負責」**。

我們需要意識到，介入他人責任範圍的課題，其實是越界。持續介入他人的問題，可能會剝奪對方認識問題、處理問題的機會與能力。

比方說，同事犯錯、伴侶罹患憂鬱症，或父母因某些事情感到傷心難過，這些都是「他們的課題」，而非「你的問題」。

你本來就沒有責任為他們的問題負責。如果你想要幫助他們，請記得**這是一種「選擇」，而不是「義務」**。

當你開始為他人的問題感到擔憂時，這就是黃燈亮起的警訊。我希望你停下來重新思考：「這真的是我應該承擔的責任嗎？」

第二種**「對自我能力的誤解」，是指「只要我再多努力一點，就能幫助對方解決問題」的錯誤認知**。

實際上，要幫助他人解決其所面對的問題，比你想像的困難得多。如果你有逼迫自己「一定要努力解決問題」的傾向，那麼很可能已經陷入了「對自我能力的誤解」。

尤其是面對「家人」時，這兩種誤解特別容易出現。

家庭是一個封閉的環境，家人之間很容易越界，介入不屬於自己的領域。許多人都認為，為了家人犧牲自我、承擔所有問題是理所當然的事。

在界線模糊不清的家庭中長大的人，往往更容易跨越界線且過度承諾。我希望大家能養成重新審視問題的習慣，並問問自己：「這個問題真的應該由我來解決嗎？」

關鍵在於，辨識「巨石」和「包袱」的不同

為了進一步探討這個問題，我們需要討論一下「**他責思考**」。他責思考就像自責思考的雙胞胎。簡單來說，他責思考的想法就是「**全部都是別人的錯**」。將一切問題歸咎於他人，而非反省自己。這種思考模式只會指責別人，並試圖控制對方，完全不檢討自己的行為。乍看之下，他責思考與自責思考似乎完全相反，但它其實也是一種界線劃分的問題

根據《過猶不及》書中提出的理論，想要成功劃清界線，並確保自己對生活有掌控感，就必須將生活中的困難分為兩類：「重擔」（burden）與「負荷」（load）。

「重擔」指的是過重的負擔，也就是可能壓垮我們的困難、危機或如巨石般的挑戰。我們無法獨自承擔這些重擔，必須依賴他人的協助才能克服。相對地，

「負荷」則是指每日的辛勞，亦即日常需要處理的例行公事或麻煩事，就像隨身攜帶的背包行李。這些是伴隨著我們的情緒、態度或言行，所產生的責任，必須「由自己處理」。

劃定界線的核心，在於區分「巨石」與「包袱」。

自責思考的問題在於，將自己無法應付的巨石當成包袱，拒絕接受周圍的協助，最終陷入無止境的痛苦之中。

而他責思考則相反，將自己應該承擔的包袱視為巨石，丟給他人承擔。有時，你可能遇到願意幫忙背包袱的人，當下確實感覺輕鬆許多，但這實際上是逃避責任，無法根本地解決問題。

無論是自責思考還是他責思考，一旦底層的思維邏輯不變，「身心俱疲」的情況自然難以改善。

相反地，懂得真誠依賴他人的人，往往懂得區分巨石與包袱。

他們想自己承擔責任、處理問題，但同時也意識到自己無法獨自應付這顆巨石。「唯獨這顆巨石，只憑自己的力量是無法解決的」，他們坦然接受這一點，並請求他人的協助，一起打破困境：「**這件事，只有『你』能幫我。**」

「只要我多努力，就能幫對方解決問題」這類對自己能力的誤解經常出現的原因，正是因為**人們往往低估了介入他人問題的難度**。特別是在與界線模糊的人互動時，要處理這些問題往往僅剩下兩種選擇，但無論哪一個選擇都充滿挑戰：

①繼續為對方背負包袱。

②幫助對方意識到「這是他們必須自己承擔的問題」。

尤其是當問題出現在家人或伴侶等親密關係中時，界線往往變得模糊不清。我們會很容易覺得「自己必須做些什麼」，然而，如果你認為在那種情況下「你真的能解決他們的問題」，這是一個極大的誤解。

這也是為什麼我常說：「就算是愛因斯坦或達賴喇嘛，恐怕也解決不了這樣的問題。」

假如沒辦法掌握自己到底有沒有餘裕擔起別人的包袱，又無法劃清界線的話，極有可能讓自己陷入無法自拔的泥沼，特別需要謹慎小心。

隱形敵人④ 二分法思考

完美主義可是很命苦的

第四個隱形敵人，是**「二分法思考」。這種思考模式不接受模稜兩可，總是喜歡把事物劃分成對立的兩極，例如：認為事情非黑即白，非善即惡**。也稱為「黑白思考」或「全有或全無思考」。許多自認為是「完美主義者」的人，往往會為自己和他人設下非常嚴苛的標準。

這種「二分法思考」會為我們的生活帶來巨大的痛苦。

前面提到的「沒拿到一百分，就等於零分」的思維，正是典型例子。**這類價值觀通常來自父母，或受到年輕時遇到的嚴苛又優秀上司的影響**。話說回來，由於這種價值觀通常能為當事人帶來高績效，因此很難割捨。

陷入二分法思考的人，**容易高估自己的正確性，並對他人表現得咄咄逼人，甚至帶有攻擊性**。

事實上，世界上大多數問題都不是非黑即白的。尤其在人際關係中，能夠清楚劃分對錯的情況，更是少之又少。然而，懷抱著二分法思考時，模糊不清的狀態容易讓人感到極大的壓力。非黑即白的人往往**高舉正義的旗幟，試圖將自己認為「正確」的價值觀強加於人，無法理解對方可能也有他的難處或理由**。

即便在工作中取得了九十五分的成績，對於完美主義者來說，仍然會因為結果不夠「完美」，而感到沮喪和自責。

這種思維讓人難以肯定自己，**即使已經付出極大的努力，依然無法認為自己「做得很好」**。

他們也因此很難欣賞他人的努力，甚至經常挑剔別人的缺點。**一旦發現不滿意的地方，即使是信任已久的人，也可能瞬間給對方「打零分」**，甚至翻臉不認人，這使得人際關係變得極不穩定。

☆ 讓「不完美」，成為你的人生彩蛋

由此可見，「二分法思考」讓人活得很累。學會放下完美主義，生活會輕鬆許多。

其實本院其中一位員工，曾因為前一份工作被灌輸的「二分法思考」而煩惱不已。他花了一年多的時間，才逐漸放下完美主義。現在，他給人的印象變得更加柔和，表情也明顯開朗了許多。他說，過去經常生病、身體不適，但如今健康狀況改善了許多，工作效率也大幅提升。

要克服這種二元對立的思維，關鍵在於認同並接受「放下這種觀念，生活會更好」。或許有人會覺得「就這樣而已嗎？」但對很多人來說，要擺脫完美主義並不容易，因為正是這種心態，幫助他們達成高品質的成果，累積了成功的經驗，所以這種信念很難放下。

當事人大多只意識到「完美主義」和「正義感強烈」等特質中的正面價值，

完美主義
正義感
不要走⋯⋯
花時間慢慢了解，
人生不見得都非黑即白，
更多的是灰色地帶

卻忽略了其缺點。實際上，**過於追求「完美主義」所完成的工作，常常與真正的「完美工作」有很大差距**。

過度專注於產出，反而容易忽略自身的需求，導致身心耗竭，也因為工作到超越了身心極限，而出現健康問題。從長遠的角度來看，難以維持穩定、良好的工作表現。這就像用跑百米的速度去跑全程馬拉松，最後讓自己倒下。

試著冷靜地思考完美主義的利與弊，**選擇不仰賴「完美主義」的生活方式，這將是改變未來的第一步**。

學會接受黑與白之間的「灰色地帶」是一項重要的練習。不要將「九十五分定義為零分」，而是接納「九十五分就是九十五分」，接受它本來的樣子。

舉例來說，當遇到不愉快的事情或挫折時，可以試著將事情寫下來，然後從中尋找「好的一面」，**積極尋找「不幸中的大幸」**。跟人相處也是如此，像是「我不喜歡這個人的A特質，但他也有B優點」。

透過反覆練習，能幫助我們更容易接受「現實原本的樣貌」。如果能做到這一點，即使面對那些你認為「不可原諒」的事情，也能更有餘裕去思考：「或許從對方的立場來看，事情就是如此。」「他當時為什麼會說那句話？背後有什麼用意？」

在人與人之間的互動中，很少有一方全錯，一方全對。**在理解到對方行為的背後，皆有其理由或「正當性」時，你會發現，承認自己的不完美變得容易許多。**

隱形敵人⑤ 理想化

在「憧憬」與「現實」的夾縫中掙扎

第五個敵人是「理想化」，**指我們對喜歡或珍惜我們的人所產生的憧憬感**。

正如前文提到的，焦慮型依附的人很容易迅速進入戀愛模式，這通常與「理想化」有關。他們從認識某人到建立親密關係，過程往往非常短暫，即使剛認識不久，也會覺得「這個人能完全理解我的痛苦」，並快速進入憧憬模式，覺得對方看起來完美無缺。

正如漫畫《死神》中的角色藍染惣右介所說：「仰慕，是距離理解最遙遠的情感。」所謂的**「理想化」，其實就是在深入了解對方性格和特質之前，便將心中的理想形象套用在對方身上，將對方視為能彌補自身不足的完美存在**，某種程度上是非常自私的行為。

此外，理想化對方時，還會大幅提升對對方的期望，對長期關係的穩定非常不利。這種情況雖與戀愛有相似之處，但要區分「戀愛」與「理想化」的差異其實非常不容易（笑）。

而且，只要對方出現與你的理想形象稍有出入的行為，你便會迅速感到幻滅，心想：「這個人似乎和我想的完全不同。」接著可能就會翻臉不認人，這樣的情況對被理想化的一方而言，無疑是極大的困擾。畢竟，**「憧憬」與「幻滅」往往是一體兩面的**。

「你要百分之百滿足我的期待！」

理想化的背後，跟「**一〇〇%的幻想**」密切相關，即認為：「世界上一定有人能完全理解我的一切。」而這種幻想可能來自於一種失落感，即幼時未能得到照顧者無條件的愛。

有位患者曾對我說：「雖然父母讓我很失望，但我相信在世界的某個地方，一定會有一個人可以全然愛我、理解我，我們總有一天會相遇。」這種期待正是「一〇〇%的幻想」的典型例子，也是一種錯誤的認知。

如前所述，焦慮型依附者對人際關係有高度的依賴，其特性可從前文圖示中，兩圓的高度重疊看出來（請參考Stage 2「如何與『焦慮型』及『逃避型』的人相處？」一節的圖說）。所謂「一〇〇%的幻想」，可以說是焦慮型依附的終極表現。他們的理想狀態是圓與圓完全「融合」，因為一旦完全重疊，就意味著對方永遠不會與自己分開。

這個幻想是不是跟卡通《新世紀福音戰士》中，〈人類補完計畫〉的概念很像？（〈人類補完計畫〉的核心概念是，人類因無法忍受身為單一生命體所感受的孤獨感與痛苦，試圖抹去所有人類之間的界線，將所有單一生命體的意識融為一體，達成沒有衝突、沒有痛苦的理想境界。）

當然，**融為一體是不可能的**。

若一心追求那種不存在的融合狀態，人際關係自然會受挫。**理想化他人的人，一旦對方的表現不符合他們的期待、不能全然理解他們，就無法感到滿足**，甚至會提出極不合理的要求。

而焦慮型依附的人，因為對愛情與被理解的需求過高，對伴侶的期望也相對過高。

他們容易陷入「對方不如預期，讓我感到失望」的惡性循環。最終，**他們往**

往開始尋找另一個不存在的「完美伴侶」。

「渴望被理解」的陷阱

「渴望被理解」是大多數人都具備的感受，然而其背後的原因錯綜複雜。

僧侶小池龍之介曾指出，「想被理解」是一種棘手的煩惱。事實上，渴望被理解的心情越強烈，實際能獲得的理解往往越少。

這是因為，「渴望被理解」的念頭過於強烈時，人往往會傾向堅持自己的立場，甚至對他人提出過高要求，使對方感到疲憊。即便對方試圖了解，並提出疑問如：「你的意思是這樣嗎？」**渴望被理解者卻可能覺得對方應該「百分之百」地掌握自己的想法，而不斷否定：「不對！我不是這個意思！」這樣的互動模式只會讓雙方累積更多挫折感**。

我們必須明白，要求別人完全理解自己的痛苦與不安是一件非常困難的事。

而且，「百分之百的理解」這個期待本身就是強人所難。

這種情況就像在街上拿著一幅畢卡索的抽象畫，試圖強迫路人了解這幅畫的價值有多高一樣。不幸的是，要實現這樣的願望幾乎是不可能的。

此外，還有一個現實問題：大多數人對「他人的焦慮或不安」其實並沒有那麼大的興趣。能樂於聆聽他人焦慮的，或許也只有那些以負面情緒為食的妖怪。即便出發點是善意，但如果你對周圍的人提出過高的要求，別人恐怕還是會認為你「期望過高」。

☆ 調整期待值：理解六〇％就很了不起了

最根本的解決方法就是，**把你對他人的期待調整到適當的範圍**。

當你陷入焦慮或不安時，試著先意識到「自己對別人的期望過高」，然後主動調低自己的期望值。比方說，可以這麼告訴自己：「如果有人能對我的焦慮有六〇％的理解，我已經很滿足了；若是能達到七〇％，那真是太幸運了！」透過這種方式，你將學會感謝那些對你有六〇%理解的人，不再糾結於不切實際的「完全理解」。

另一方面，對許多人來說，什麼程度算是「適度」的期待值，恐怕有點難以理解。如果你很少感謝別人，總覺得「別人為自己付出是理所當然」，那就該拉黃燈警報了。這個時候請試著反思：「我是不是要求對方太多了？」若有疑慮，可以詢問第三方的意見，確認自己的期待在合理範圍內，以利你逐步找到客觀的角度。

在尋求第三方意見時，需注意不可刻意引導對方說「這不是你的錯」，因為這樣只是在尋求支持，而非真正客觀的觀點。請根據事實表達你的問題，避免情緒化的描述。

而「一〇〇%的幻想」，跟接下來要討論的「害怕遭到拋棄的焦慮感」有非常密切的關係，稍後會進一步說明。

隱形敵人⑥ 害怕遭到拋棄的焦慮感

沒有你，我活不下去

第六個敵人是「害怕遭到拋棄的焦慮感」。**這是一種深層的恐懼或孤立感，害怕親密關係中斷**。

比方說，你是否有過以下經驗？

▼**情人稍微說了些不好聽的話，你便會感到極度焦慮，害怕對方會提分手，甚至無法專心做事、食不下嚥。**

▼**朋友遲遲未回訊息，就會覺得「他是不是討厭我了」而擔心不已。**

▼**工作上犯錯時，會感到很焦慮，覺得大家一定認為「這種人根本沒有價值」。**

一般關係結束時
希望下次
會更好！

被拋棄的恐懼
成真時
世界末日
我不行了，
我要死了。

在Stage 2中提到的「焦慮型依附」，其焦慮通常來自「害怕遭到拋棄」。而這種恐懼往往源於童年時的以下經歷：

- ▼父母離異，或與親人死別。
- ▼渴望依賴，卻因各種原因未能獲得依靠。
- ▼感覺自己比兄弟姊妹更容易被忽略。
- ▼被同儕排擠或霸凌。
- ▼回到家之後，經常是孤零零一個人。

這些受傷的經歷產生的孤獨感與疏離感，就像深埋心底的地雷，一旦踩到，便會引發劇烈的情緒反應。

當面臨「關係可能結束」、「恐怕會遭到拋棄」的情況時，這種類型的人往往會感到窒息般的恐懼與緊張。

研究顯示，這種劇烈的生理反應，是成長環境中的創傷影響了神經系統，其強度遠高於一般人經歷的焦慮感。

對於「害怕被拋棄」的人來說，**分手的痛苦猶如「世界末日」**。

當害怕被拋棄的焦慮感發作時，常見的行為模式包括：

▼① 瘋狂努力

害怕遭到拋棄的焦慮感，也被認為是「病態互依」（codependency）的特徵之一。這類人即使筋疲力盡，依然無法停止為他人犧牲奉獻。他們可能以驚人的速度工作，以確保自己的地位與歸屬；或是為了吸引喜歡的人的目光，會犧牲奉獻到異常的地步。

▼② 一再測試對方的底線

為了確認對方是否真的信任或喜歡自己，有些人會故意做出對方不喜歡的言行，以測試對方是否會因此疏遠。為了確保對方不會離開自己，他們可能以各種形式「測試」對方。

如果彼此是情人，一方可能會不斷打電話或傳訊息、監視另一方的一舉一動，甚至故意提分手，或做出讓對方吃醋的行為。這些行為都是為了引起對方注意、測試對方。

▼③ 拒絕不了或離不開

即使對方的要求過分，或做了自己不喜歡的事情，這類人也因害怕對方會從自己的生活中消失，而無法說不，甚至無法離開對方。即便對方已經表現出不忠，明知分開對自己更好，他們仍然執著於維持這段關係，這種行為常讓身邊的人難以理解。

▼④ 總是否定別人與自己

這類人經常以否定的方式解讀他人說的話。例如，即使別人讚賞自己，他們也會懷疑：「對方是不是在盤算什麼？」即使別人對他們表現親切，他們也可能猜疑：「對方之後是不是會提出什麼要求？」

這種否定態度不僅針對他人，也延伸到自己。他們常以模糊且籠統的方式否定自我，如「全部都是我的錯」，而非具體指出問題所在，如「我在某部分做得不夠好」。這種「粗糙的自我否定」不僅加深了內心的痛苦，也無助於改善現況。

為什麼越親近，越害怕被拋棄？

在討論如何應對「害怕遭到拋棄的焦慮感」之前，必須先了解這種焦慮與前面提到的「二分法思考」及「理想化」之間的關係。

焦慮型依附的人，總是抱有一種強烈的渴望：「希望別人能理解我的焦慮與不安」。**然而，一旦這種期待未能實現，哪怕只是稍微不順心，他們就會立刻覺得自己「遭到拋棄了！」並陷入強烈的恐懼與絕望之中。在恐懼的驅使下，他們有時會激烈地指責對方或惡言相向。**然而，他們真正想表達的並不是對對方的憤怒，因此事後經常感到強烈的罪惡感與自我厭惡。

即使他們知道，抱怨「沒有人理解我」或責備對方不了解自己，無助於改變現況，但卻難以停止這種行為。

這背後最大的原因在於，**他們無法放下「某個地方一定有一個百分之百理解我的人」的幻想**。

他們相信，只要與對方拉近距離、與對方同化，就一定能夠獲得「完全的理解」。因此，他們不斷追求與對方「融為一體」般的親密關係。

然而，越是追求這種一〇〇%的幻想，努力縮短與對方的距離，「害怕遭到拋棄的焦慮感」反而會變得更加嚴重。為什麼會這樣？

對此，精神科醫師崔炯仁以「引力」為例，解釋原因何在。

在物理學中，有個引力定律是：「兩個物體之間的引力，與它們距離的平方成反比。」

例如，若距離縮短一半，兩者之間的引力不是增加一倍，而是四倍；若距離縮短至四分之一，引力則會增至十六倍。

精神科醫師崔炯仁指出，「一〇〇%的幻想」以及隨之而來的「害怕遭到拋棄的焦慮感」，與這條引力定律有相似之處。

換句話說，當對對方的信任度越高、依賴越深（心理距離越近），「對方消失所引發的焦慮感」就會越強烈。

假設你與對方的心理距離從一百縮短至五十，「害怕被拋棄的焦慮感」會增至原來的四倍。如果心理距離進一步縮短至四分之一，也就是距離二十五，「害怕被拋棄的焦慮感」則會暴增至十六倍。

隨著信任增加、心理距離縮短，「害怕被拋棄的不安」便會大幅增加，甚至到了無法控制自己的行為，瘋狂測試對方的地步。最終，這種焦慮感會演變為極端的恐懼，近乎是憤怒或對死亡的恐懼，彷彿「失去這個人，我就活不下去了」。

儘管他們試圖透過拉近心理距離來緩解焦慮，卻永遠無法做到完美。更糟糕的是，因為「害怕遭到拋棄的不安」與心理距離成反比，感到焦慮的一方始終無法滿足。而回應的一方，儘管努力嘗試理解對方的不安，卻往往越是努力，越是身心俱疲。

在這種情況下，雙方的關係逐漸變得緊張，衝突不斷升級。**由於彼此作為獨立個體，信任永遠不可能達到「百分百」**。在這樣的框架下，只要「人類補完計畫」沒有實行，這種**「無止境的痛苦」便永不中斷**。

我和你都是「不完整」的

要克服這種困境，首先必須接受一個觀點：「害怕遭到拋棄」背後的「一〇〇%的幻想」，是問題的根源。**當你將焦點從「對方不理解我」，轉移至「我對對方抱有不切實際的幻想」，並認清「一〇〇%的幻想」才是罪魁禍首後，解**

決問題的可能性將大幅提升。因為你無法處理「對方的問題」，但可以解決「自己的問題」。

這涉及一個重要的觀念——「課題的所有權」。你所面對的課題，只有你自己才能處理，其他人無法代勞。

當然，對飽受焦慮不安所苦的你來說，真正渴望的是一段「穩定且永不分離的關係」。但請記住，只要你還抱持著「除非對方能讓我百分之百安心，否則我無法接受」的想法，你就永遠無法從被拋棄的恐懼中解脫。話說回來，要接受「世界上沒有人能全然理解我」這個現實，確實令人痛苦。畢竟，這意味要推翻你深信不疑的信念。

學會放手並不容易，但有一些小訣竅。

首先，只接受「最理想的情況」，與前面提到的「沒拿到一百分，就等於零分」的二分法思考密切相關。試想，一旦你將對方理想化，這樣的關係，本質上當然不可能是對等的。相反地，**學會接受「彼此都是不完整的」現實，不僅能降**

低焦慮感，還能為雙方建立更加平等與真誠的關係。

另一方面，崔醫師也指出，害怕被拋棄者常見的行為模式——「測試行為」，相對來說較容易改掉。

這是因為，從「測試行為」中獲得的滿足感是暫時性的，類似於酒精或香菸帶來的癮頭。它並不像暖爐那樣，能長時間提供真正的安全感與滿足感。更重要的是，進行測試行為的一方，並不是因為喜歡這樣做，而是因為「不測試，就無法確定對方是否真的愛自己」。這背後通常受到不安與恐懼的驅使。然而，實際情況往往相反。只要能夠意識到並親身體驗到「不去測試對方，反而能獲得更多的愛」，便能慢慢克服。

如果你能意識到「測試對方的行為，長遠來看對彼此都沒有好處」，不妨試著和伴侶靜下心來，冷靜地討論如何制定一些規則，例如：「盡可能避免進行測試行為」、「避免利用測試行為獲取好處」。

☆依附對象多了，人生就好多了

只要「一〇〇%的幻想」存在，理想中的人際關係便會呈現「封閉狀態」，只跟一位能「全然理解」自己的對象，建立「一對一的關係」。

事實上，焦慮型依附的人一旦進入戀愛模式，往往會跟原有的友誼疏離，因為只要找到一個能「百分之百理解自己」的人，就能滿足他們的情感需求，這樣的決定似乎很合乎邏輯。

但遺憾的是，現實中並不存在這種「百分之百理解自己」的對象。如果是這樣的話，建立「多個並非百分之百依附的關係」或許才是折衷的最佳解方。

就像在金融領域中，為了迴避破產的風險，會將資產分散於多種金融商品，這種投資管理法稱為「資產配置」。

舉例來說，手中的雞蛋如果全都放在同一個籃子裡，一旦籃子掉落，所有的雞蛋都會摔破。但如果將雞蛋分散放入多個籃子，即使某一個籃子不小心摔落，其他籃子的雞蛋仍能完好無缺。

人際關係也是一樣的道理，如果過度依賴單一人際關係，一旦這段關係出現問題，便會受到巨大的打擊。尤其是對於那些極度害怕被拋棄的人來說，親密關係的好壞會直接影響到他們的身體狀況，因此他們很容易陷入身心俱疲、不穩定的狀態。

熊谷晉一郎醫師曾說過：「自立，就是增加依附的對象。」

如果依附的對象僅限於特定的人，例如父母或伴侶，失去這些對象的恐懼便難以消除。**當可依附的對象增加時，便能逐漸建立起「即使失去某個人，我依舊可以活下去」的安全感。依附對象的增加，也能為人際關係增添更多餘裕。**

我們應該追求的依附模式，是有「三個能提供六〇％支持的對象」，而不是「百分之百地依賴一個人」。

以下這句話乍聽之下有點矛盾，但只有當我們能抱持「即便這個人不在了，我也能想辦法活下去」的心態，才不會過度執著於某一個人，或將對方視為自己唯一的歸屬。如此一來，才能真正思考「什麼才是對對方來說的幸福」，讓雙方關係更接近真正的平等。

隱形敵人⑦ 自我憐憫

用「黑霧」將一切無效化的終極魔王

最後一個敵人是「**自我憐憫**」。

前面提到的「害怕遭到拋棄的焦慮感」、「理想化」、「二分法思考」等隱形敵人，都讓人活得十分痛苦。而各種不同的負面因素，如同混種怪獸奇美拉般融合在一起，形成了一座難以攻克的堡壘，而這座堡壘正是「自我憐憫」。「自我憐憫」無疑是擺脫人生困境中最難克服的「敵人」之一，可說是「大魔王中的大魔王」。

「憐憫」的意思是憐惜和同情，所謂的「自我憐憫」，就是「認為自己很可憐」。講得更直白點，就是「**沉醉於自我否定**」。就像「悲劇女主角」這個詞所

形容的，**自我否定就像酒精或毒品一樣，讓人「成癮」**。

經歷過嚴重創傷或極度痛苦的人，往往一邊詛咒自己的不幸，**一邊將這種「不幸」內化為自己的身分認同**。當生活中接連發生不合理的事情，完全無法找到任何值得期待的好事時，**唯一能讓自己勉強維持自尊的，就是「我的不幸讓我顯得與眾不同」這種念頭。而這種心態，就是所謂的自我憐憫**。

自戀者陶醉於「我真是太棒了」的自我肯定，而自我憐憫的人則沉醉於「我實在太不幸了」的自我否定。兩者都是以「我比別人特別」的自戀情感為基礎。

活在「不幸」的劇本中，彷彿一切的不合理都有了理由。**與其懷抱希望卻被絕望擊潰，不如抱著絕望的心情面對不幸，這樣似乎沒那麼痛苦**。每當遇到不合理的事情，他們便強化自己的不幸劇本：「看吧，又是這樣。」隨著這個過程不斷重複，「我的不幸將永遠持續下去，我是特別的」信念益發強烈，也不足為奇。

如同人們用酒精或賭博來麻痺自己一樣，有些人藉由沉醉於「不幸」來熬過艱難的生活。這種狀態可稱為「**不幸成癮症**」，是一種為了在充滿困難的人生中生存下來，所形成的適應策略。

要擺脫這種自我憐憫的狀態並不容易，因為這是很多人面對痛苦時，麻痺自己的方法，他們會覺得：「如果不讓自己沉浸其中，恐怕撐不下去。」**即使他們知道有改變現況的方法，但對他們來說，改變「不幸的生活模式」實在太令人不安了，因而遲遲無法下定決心去嘗試**。

曾有人對我說：「讓自己總是半隻腳踩在不幸裡，反而比較安心。」某種程度來說，這很接近「需要不幸，因此活得很不幸」的狀態。對於從未體驗過其他人生模式的人來說，或許很難想像還有其他的生活方式。

「我是弱者，你是強者」

陷入「自我憐憫」的人，常與周遭人維持著「強者與弱者」的關係。為了持續維持自己的「弱小」與「不幸」形象，他們必須將周遭的人視為「強者」或「壞人」。因為一旦不這樣，他們便無法繼續依附於不幸之中。這些人經常被「我真沒用」的感覺折磨，並向周圍的人求助：「我這麼沒用，到底該怎麼辦？」於是，身邊的某個人會伸出援手、提供協助：「你試試看這樣做吧。」

表面上，這段協助關係，在當事人對對方仍懷有理想化期待時，往往還算順利。但只要出現一丁點問題，他們便會說：「我按照你說的去做，結果一點用也沒有！」「都是你的錯！」把伸出援手的人，怪罪為「壞人」。這正是「理想化與幻滅」、「二分法思考」的典型表現。

當人們說出「請你告訴我該怎麼辦」時，背後其實傳遞著一個強烈的訊息：「你得幫我解決問題。」然而，這些要求往往不切實際，也極為困難，幾乎沒有人能真正滿足這樣的需求。畢竟，別人無法替你承擔你的課題。

受到傷害時，每個人都需要聽一些同理的話，例如：「你真可憐啊。」或是「你已經很努力了，辛苦了。」自我憐憫是每個人都可能經歷的情緒。傷得越深，所需的療癒與時間也越多。當人得到足夠的同理後，便能獲得重新向前邁進的能量，逐漸恢復。

然而，長期陷在「自我憐憫的牢籠」中，可能讓人對重新站起來的可能性失去信心，甚至放棄承擔屬於自己的課題。這時，他們會放棄課題的主導權，轉而期待「完美的他者」為自己解決所有的問題。

自我憐憫可以說是一種極端的他責心理。他們向外傳遞訊息：「我是弱者，你必須幫助我解決問題。」但其實是，他們無法面對改變自己課題所需的痛苦，於是以「我的不幸是特別的」為藉口，抗拒任何改變，甚至固守於不幸之中，將其視為守護自我認同的一部分。

這些人對外尋求幫助，但真正的目的並不是想改變自己，而是在尋求別人的同情與注意。表面上看似自虐，其實是在貶低他人，並拉抬自己的地位。他們或許認為是周遭的人「攪局」，但實際上卻是透過悲劇操控他人。看似自我否定，實則是在創造悲劇，這正是所謂的自我憐憫。

他們坐在「弱者的寶座」上，假借「弱者的正義」操控著「強者」。在這種狀態下，無論他人如何努力，他們都聽不進去。自我憐憫就像一團「黑霧」，讓一切嘗試都變得無效。

即便是自己的課題，他們也竭盡所能將責任推給他人。一旦問題發生，他們便指控「強者」對他們做了「很多可怕的事情」，或是「背叛了他們」。這種情況時常發生，他們甚至會在旁人面前將對方描述成「壞人」。但他們這麼做並非刻意抹黑，而是因為內心的不安過於強烈，急於博取他人的同情以安撫自己。這樣的互動模式，往往讓人感覺像在「搞小團體」。

他們通常只提供片面的資訊，讓別人對他們說：「哎呀，那個人真的很糟糕耶！」但對於自己有多依賴對方，以及對方提供過多少幫助，卻隻字不提。因此，被說閒話的那一方看起來就像是「壞人」。畢竟，一旦溝通的目的是「讓別人站在自己這一邊」，語言便容易被扭曲、甚至誇大不實。而當周遭的人發現真相後，那些說長道短的一方，其社會信用便一落千丈、彷彿走進地獄。

努力付出的人，在「弱者」眼中也會變成壞人

那些試圖協助的人，往往使出渾身解數，努力想為自我憐憫者做些什麼。然而，面對那些「隨時可能崩潰、走上絕路」且內心細膩的「弱者」，協助者往往感到很矛盾衝突，怎麼也無法說出他們真正的想法、真正該說的話。他們害怕一說錯話，對方可能會徹底崩潰，這種壓迫感讓協助者倍感無力、恐懼不已。

當協助者勉強說出「真心話」或提出「建議」後，往往容易觸怒對方。對方

可能會反擊說：「你傷害到我了」、「你是在說我有問題嗎？」因無法再承受這樣的人際拉扯，協助者可能選擇劃清界線，向對方宣告：「我沒辦法再那樣協助你了。」這時，對方從憤怒轉為失望，感覺自己「遭到拋棄」，並無法接受任何提議。過去建立的承諾與信任關係，彷彿在一夕之間化為烏有，協助者甚至可能被對方貼上「傷害他人的壞人」的標籤。

在這種瀰漫著「無論進退都會傷害對方」的緊張關係中，一旦雙方得出「彼此無法繼續走下去」的結論，受助者便會轉而尋找新的依附對象，繼續追尋著某處一定存在一個「完美對象」的幻想。

此時，那些耐心支持對方、希望對方能幸福的人，內心的傷痛與無力感究竟有多深？

「過去我所付出的一切究竟算什麼」的徒勞感，「我幫不上忙，對方選擇離開了」的失落感，以及「我到底該怎麼做才好」的無助感，恐怕會長時間折磨著他們。

我認為，人有「保持現狀的自由」或選擇「持續不幸的自由」。然而，自我憐憫最棘手的地方在於，它必然建立在「強者與弱者的關係」之上。因此，為了讓自己持續「沉醉」於不幸當中，自我憐憫者往往會不斷將身邊的人捲入其中。

不同於酒精或毒品成癮，自我憐憫傷害的不僅僅是自己。自我憐憫者在「沉迷於不幸」的過程中，會不自覺地操控他人，使周遭的人也陷入痛苦之中，讓痛苦永無止境地延續下去。而且，無論是對不幸的沉迷，還是要透過操控他人才能獲得的認同感，終究都只是如酒精或毒品一般，短暫的慰藉罷了。

當然，當事人並非故意那樣做的。但他們的焦點，永遠都集中在「身為弱者不斷掙扎的『痛苦』」之上。這種掙扎就像一個快要溺水的人，手腳拼命揮舞，無意間揮打或踢傷身邊的人，雙方渾身是血，自己卻完全沒有察覺到。他們認為自己已經「拼了命很努力」，忽略了周遭他人的感受。

正如我所說，「不幸是有『模式』可循的。」而自我憐憫，則是不幸模式當中「最強的模式」，即便所有人竭盡全力，最終仍可能陷入不幸的深淵。

☆人生冒險中，「照護」與「治療」都是必備魔法

那麼，該如何才能盡早擺脫這種極為不幸的局面？

其實，這種關係模式在治療者與患者之間，也十分常見。

一開始，雙方可能建立了良好的關係，但隨著治療進行，當治療者指出患者需要面對的課題或改善的地方時，這段關係往往開始變得不穩定。

患者可能認為治療者「變嚴厲了」、「說的話很傷人」，因此選擇不再前來；或者因為覺得「依照指示去做了，卻毫無改善」、「要求太過嚴苛，我做不到」，而變得更消沉，甚至失去改善現狀的動力。

由於自我憐憫本身也是一種「沉迷」，它與戒斷酒癮或藥物成癮是一樣的。因此，若能與他人建立新的連結，當事人不再需要「沉迷」於某種事物的那一天終將到來。

人與人之間的連結，應該建立在對等與公平的人際關係上。然而，受自我憐

憫之苦的人，往往對周遭他人感到憤怒，責怪著大家「太不公平了！」但如果無法意識到真正不公平的其實是自己，他們便永遠離不開自我否定的牢籠。

從他人那裡獲得同情，或接受過度包容的心理諮商，可能讓這些人更加沉溺於自我憐憫之中，使問題變得更為複雜。

因為這樣的照護方式，可能阻礙他們承擔自己的課題，或無法培養建立對等人際關係的能力。要擺脫「受害者心態」，就必須相信「我是可以改變的」。此外，承認自己有必須解決的課題，並下定決心去面對，才是改變的關鍵。然而，如何在溝通過程中，有效地傳達這些訊息，是一項極為艱難的挑戰。

為了進一步探討這個問題，我想說明一下「照護」與「治療」這兩個重要概念之間的差異。

在臨床心理學者東畑開人的經典著作《只要存在著就好》中，他這樣定義了「照護」與「治療」：

▼**「照護」是不傷害對方。透過滿足、支持對方的需求，接住對方的依賴，提供安全感，使個體能夠生存下去。照護的目的是協助對方恢復平衡，並支援其日常生活。**

▼**「治療」是直接面對當事人的傷口。它的目的是尋求改變，介入其中，以協助個體自立為目標。因此，治療會讓個體跳脫日常去經歷掙扎與衝突，並在過程中成長。**

照護是接納對方，並能帶來安心與療癒。若以魔法來比喻，照護就像是能恢復HP的「白魔法」。

另一方面，治療則是要指明問題、促進成長，協助對方為自立奮鬥。為了面對課題、實現成長，個體必須察覺內在的「隱形敵人」，為自立而戰。這一過程必然伴隨著痛苦，因為它是以掙扎和衝突為前提。

相對於療癒的白魔法，治療比較接近「黑魔法」，需要對抗內在的敵人，在痛苦中尋求成長。

但就像冒險旅途中，需要「白魔法」與「黑魔法」相輔相成，才能生存下來一樣，**對於那些深陷自我憐憫、覺得日子很難過的人來說，明白「照護」與「治療」缺一不可，尤其重要**。

當然，選擇哪一種方式取決於個人需求及當下的時機。

對多數人而言，通常會先透過照護，確認內心的ＨＰ恢復到一定程度後，再開始面對伴隨痛苦的治療。當然，最重要的關鍵在於兩者的平衡。理解這兩者的差異，對於打造更完善的復原過程相當重要。

了解治療與照護這兩種模式的差異後，我希望大家能夠意識到，深陷自我憐憫狀態的人，其實可能尚未準備好接受治療。如果此時進行治療性的介入，反而可能讓他們捏造出「都是別人的錯」或「我不需要改變」的劇本。這樣一來，他們將繼續受困於不幸的「模式」中，現狀也不會有任何改變。

這最終可以歸結出一個核心問題：最終目標是什麼？

基本上，**所有人都有「只能由自己來承擔的課題」**，這跟活得累不累無關。無論過往有多大的悲痛或傷害，每個人該承擔的課題永遠都不會消失。

即使你試圖將課題推卸給他人，或刻意轉移目光，課題依然會存在於那裡。

沒有課題的人，相當於不需要追求進步的「完美人類」，但這種人並不存在。

我認為，如果HP所剩無幾，或尚未做好心理準備，暫時躲避痛苦是可以理解的。然而，一旦你下定決心「要改變自己」，就必須做好迎接治療（黑魔法）的心理準備。希望你能把這個概念放在心中，作為未來的可能選項。

你可以選擇，從「弱者的寶座」走下來

其實，「自我憐憫」是與「自我覺察」息息相關的課題。

「我現在是不是正困在『自我憐憫的牢籠』裡？」

「一直以來都覺得『自己無法改變』，但這會不會其實只是自己的偏見或認知錯誤？」

像這樣讓「後設認知」的功效發揮到最大，深入檢視自己的情況，或許正是

走出自我憐憫的第一步。

當你鼓起勇氣，決定面對自己必須承擔的課題時，希望你能從「弱者的寶座」上走下來，嘗試與他人建立平等的關係。

如果你覺得自己可能陷入了「自我憐憫」的狀態，那該怎麼辦？這個時候，不妨再問自己一次：「**現在的我，真的想要改變嗎？**」

選擇不改變、維持現狀的理由確實有很多。畢竟，處於「不好的狀態」時，可以不用面對不想做的事或痛苦，同時也能讓他人更加關心你、照顧你。

相反地，假如你的狀況改善了，身邊的人或許不再像過去那樣關愛你，這種「透過維持糟糕狀態來獲得他人關注」的心理，稱為「因病獲益」（gain by illness）。當內心越「害怕遭到拋棄」，越容易無意識中同時產生「想變好」與「不想變好」的矛盾心理。

選擇持續「活在不幸的劇本裡」，對你來說或許是一種必要的求生策略，**但希望你再仔細想想看，你撐了那麼久，是否真的還想繼續活在這樣的不幸劇本之**

中──？

這並不是在追問「過去是如何選擇的」，也不是在問「你做不做得到」。真正重要的是：「接下來，你想要怎麼做？」

如果你想告別這種生活方式，下一步要做的，就是捨棄「我的不幸是特別的」這種身分認同，並下定決心與他人建立平等的關係。

接著，為了承擔自己人生的課題，以下問題必須由你自己來判斷、做決定。你做好接受「黑魔法」的心理準備了嗎？有辦法與那些願意陪伴你一同面對課題的人維持關係嗎？

當然，你不需要急著改變自己的一切。

「改變自己」與「接受自己，不改變也沒關係」，在人生中找到這兩者之間的平衡，才是人類最真實的樣貌，不是嗎？

能改變的是人，無法改變的也是人。

「人本來就是這樣」，但這並不代表失去了所有可能性。

搖擺不定也沒關係，人生本來就不是非黑即白，即便黑白不分明也無妨。

「我永遠無法改變」這種想法，其實也和某種幻想相去無幾不是嗎？

專欄

社群媒體讓我好焦慮，卻戒不掉

「深夜滑手機看社群媒體，看到別人分享工作的成果或幸福美滿的家庭照片，心情總會變得很差。明明知道不要看就好了，卻怎麼也戒不掉。」

社群媒體是一個「他人都過得光鮮亮麗」的世界。大家喜歡在這裡分享升遷、結婚、生子等人生美好的時刻，或表達對自己所屬社群的感謝。

渴望自己尚未擁有的東西，是人類的本性。因此，如果你看到社群媒體的內容，心中不禁想著：「我是不是也能像他那樣？」內心泛起波濤，無法平靜。這種情況正常嗎？這其實非常正常。

別把「人際關係」帶進臥室

有這類困擾的人前來諮詢時，我通常會建議：「我不會叫你都不要看社群媒體，但睡前最好避免。」

睡前滑手機，除了藍光刺激會讓大腦更加清醒外，社群媒體的內容也容易牽動情緒。一時歡喜，一時失落，等回過神來，幾個小時早已過去……相信許多人都有過這樣的經驗。然而，睡眠時間的減少，不僅讓人更容易陷入負面思考，還可能進一步落入惡性循環。

如同睡眠專家三島和夫所說的：「別把『人際關係』帶進臥室。」因此，一條非常重要的原則是，睡前不要滑手機或查看社群媒體，最好避免讓人際關係在睡前干擾你。

請把就寢前的兩小時當作大腦降溫的時間。調暗房間的燈光，讓大腦逐漸進入「關機模式」。這不僅有助於提升睡眠品質，還有助於避免陷入負面思考。

如果你總是忍不住想看社群媒體，可以試試以下兩個方法：

▼乾脆別把手機帶進臥室。

▼把手機上的社群媒體APP刪掉。平時想看的時候，改用瀏覽器登入，增加使用社群媒體的難度。

現代建築大師法蘭克・洛伊・萊特（Frank Lloyd Wright）曾說：「電視是眼睛的口香糖。」社群媒體也是相似的東西，明知已經嚼到沒有味道了，卻還是忍不住繼續咀嚼。所以，希望你能在浪費更多時間之前，嘗試看看上述方法。如此一來，相信你「咀嚼口香糖」的時間會大幅減少，讓生活中的壓力稍微減輕一些。

▼專欄

向逆境中的自己施展魔法咒語

「遇到令人震驚的事情時，有沒有什麼方法可以讓自己不慌亂？」

老實說，我自己也是容易驚慌失措的人。不過，當我學會避免那些可能讓自己失控的情況後，遭到負面情緒突襲的機會就變少了。即便如此，情感就像一頭野獸，總會在不經意間襲來，讓人疲憊不堪。

有一段時間，我接觸並學習了「情緒與憤怒管理」的技巧，其中一個方法讓我特別有共鳴，心想：「我也會這樣做」。

這個方法就是「在腦中養一個《灌籃高手》中的仙道彰」，我把它稱為「腦內仙道法」。

每當事情的進展不如預期，覺得自己快要慌亂失控時，我就會在腦中召喚仙道，對自己說：

「冷靜下來，現在還不是慌張的時候。」

在情緒與憤怒管理中，這類技巧稱為「魔法咒語」，我覺得非常管用。

還有一個我很喜歡的方法（如果沒記錯的話，應該是作家水野敬提到的）。當你面對那些讓人忍不住大嘆「怎麼會這樣！」的糟糕情況時，可以對自己說：

「其實，這一切挺有趣的。」

這句「魔法咒語」總是屢試不爽，讓我在絕望中，強迫自己找到一絲希望的光亮。即便處於再怎麼艱難的時刻，我也會帶著一抹苦笑，嘟囔著那句咒語打破黑暗。

根據我的經驗，面對困境時，「先笑一下」能有效避免事情變得更糟（當然，使用時也要注意場合）。

哲學家阿蘭（Alain）曾說過：「悲觀主義屬於情緒，而樂觀主義則屬於意志。」

當情緒強烈到幾乎失控時，反射性地採取行動往往是最糟糕的選擇。而我們平時使用的語言，其實對心態的影響比想像中還要大，看似「隨口說說」的一句話，或許能阻止負面影響的擴散。

我特別喜歡這種「反擊魔法」。每當受到打擊時，那些預先設置在內心的咒語就會自動啟動，就像玩RPG一樣。如果你也有喜歡的「魔法咒語」，不妨試著把它設定在你的內心，看看會帶來什麼樣的效果。

Stage

4

Title

獨自升級！
強化心靈裝備，
勇闖「人生大冒險」

接著，冒險即將展開

這是最後一章。

截至目前為止，我們深入了解了自己，也認識到讓自己陷入不幸的「敵人」，有哪些攻擊模式。現在，我們終於來到，改變生活方式與人生態度的階段了。

在第四階段，我想與那些渴望擺脫人生困境、覺得活得好累的人，分享一些可能有所幫助的「攻略提示」。

就像在RPG中，冒險旅程即將展開時，我們會招募夥伴、購買武器或藥草來強化自己，並逐步取得開啟新世界之門的鑰匙或地圖等關鍵道具。

參考那樣的過程，我想提出以下三個攻略提示：

攻略提示①：你需要什麼樣的夥伴？
攻略提示②：幫助你度過冒險旅程的「關鍵道具」。
攻略提示③：「精神糧食處方箋」與「領悟之書」。

首先是招募夥伴。我將說明什麼樣的夥伴能幫助我們從困境中復原，以及如何尋找這些夥伴。

接下來，我將介紹一些「關鍵道具」，並說明它們的應用方法。這些道具包含幫助我們應對壓力、控制情緒，以及改善人際關係的心法與思考方式。

最後，懷抱著為即將踏上旅途的你送行的心情，我將推薦一些可以作為「恢復藥水」的書籍和文章，並提供進一步學習所需的參考資訊，作為你開啟冒險旅程的護身符與餞別之禮。

「白魔法師」與「黑魔法師」是你必須結交的夥伴

冒險旅程需要夥伴同行。在從人生困境中復原的旅程上，需要什麼樣的夥伴陪伴？讓我們一起仔細思考這個問題。

在遊戲中，剛展開冒險的主角，通常等級較低且能力值偏弱，HP也很少，不耐打，很容易陷入危機。在這種狀態下，為了提升旅程的穩定性與安全性，身邊必須有一位能使用恢復魔法（白魔法）的同伴隨行。

現實生活中也是如此。要擺脫人生困境，你首先要找的是「白魔法師」般的夥伴。換句話說，**這個人無論何時都能站在你這邊，給予你安全感**。

Stage 1提過，「良友」能接納自己不完美的一面，與這樣的朋友溝通互動，就像有了一個「安全基地」。這種人正是我們所說的「白魔法師」。

如何找到你人生中的「白魔法師」？

要找到這樣的人雖然非常困難，但我仍想分享一些可以提高成功機率的方法。

第一種是，不妨試著從那些和你沒有直接利害關係的人當中，尋找一個可以放心依靠、建立起健康關係的對象。畢竟，萬一對方與你之間存在利害關係，暴露自己的弱點可能會帶來心理負擔，讓你無法自我揭露，也難以敞開心胸。

話說回來，由於坦露內心真實的想法和情感確實伴隨一定風險，因此在還不太有自信時，你可以選擇第二種方法——使用付費資源（如心理諮商、酒吧聊天、占卜等），來尋求協助。畢竟，與人分享自己的痛苦需要技巧，而使用付費資源，可以讓你練習表達自我的想法和情感。

此外，諮商師、酒吧陪聊員或占卜師等以「傾聽」為職業的人，傷害你的可能性相對較低。換句話說，這就像是在安全的泡棉墊上練習後空翻。多次練習後，你可以逐步將這些經驗，運用到更接近實際生活的人際關係裡。

在缺乏對他人信任的狀態下持續嘗試，可能會讓人覺得這是一條絕望的道路，但只要你能獲得一次「依賴他人真是太好了」的成功經驗，在那之後你生活的重擔將減輕許多。衷心期盼你能創造第一個成功經驗。

精神科醫師松本俊彥指出：「十個大人裡，值得信任的大概只有三個人而已，所以當你向其中一個人求助失敗，也請持續發出求救訊號，至少嘗試到第八個人。」希望你不要放棄「眼前的這個人，可能與之前遇到的大人不同」的可能性。

擁有一個隨時可以回去的避風港或安全基地後，人們便能挑戰更多事物，逐步獲得因應變化和成長所需的心理韌性。

☆ 黑魔法師是稀有的存在

接下來需要尋找的夥伴，是能運用黑魔法，幫助你察覺「隱形敵人」，並認清自己有哪些人生課題的「黑魔法師」。

單靠自己的力量，很難判斷應朝哪個方向努力，才能帶來好的改變。因此，除了無條件接受你的「白魔法師」之外，你還需要一位能為你指引方向的「黑魔法師」來陪伴你。

歐里希在探討自我覺察的經典著作《深度洞察力》中，將黑魔法師稱為「帶著愛的批評者」。這類人既不是盲目附和你的信徒，也不是唯命是從的追隨者，更不是過於挑剔的批評家。他們擁有智慧，對人性有深刻的理解，並且真心為你著想。即便面對難以啟齒的真相，他們也願意冒著風險，真誠地與你溝通、揭露真相。

歐里希指出，能從「帶著愛的批評者」那裡獲得坦率而誠實的回饋，是促進

有時讓人感到刺耳的建議
治療——!!
愛
無論哪種都是愛
沒問題的喔～～
照護～～

個人成長的關鍵。

在現今的社會中，「黑魔法師」的存在，或許比那些一味肯定你的人更為珍貴。

原因在於，給予意見本身，往往伴隨著巨大的風險。

畢竟，直接指出「這是你的課題」，本身就是一種高風險的溝通方式。

即便內容屬實，也難免讓對方感到不愉快，甚至受到驚嚇。如果對方無法接受意見，回饋者可能還會因此被討厭。**儘管如此，仍願意冒著風險來告訴你真相，並且具備有效溝通技巧的人，無疑是極為稀有的存在。**

無論是尋求回饋還是接受意見，本能地感到抗拒是一種正常的心理反應。這就像明知道需要看牙醫，但仍害怕踏進診所，因為治療的痛苦非常具體、清晰可見。

然而，別人的回饋所帶來的自我覺察，其價值遠遠超過短暫的痛苦。而要**面對課題並正視問題的核心，首先得承認自己「目前還做不到」。這需要勇氣，也需要謙虛。謙虛的真正含意，並不是對自己的不足視而不見，而是坦然接受自己的「弱點」**。

接納不完美並不容易，尤其對於「完美主義者」（二分法思考）或高度追求成就的人而言，更是難上加難。他們習慣用「非黑即白」的方式看待事物，這使得面對缺陷變得更加困難。此時所需的是，一種願意承擔自己課題的「**誠實**」態度。

談到誠實，我想分享一個令我印象深刻的患者M的故事。

M因反覆發作的適應障礙症，而留職停薪休息。他透過朋友的介紹來到我的診所接受諮商，但他的表情明顯流露出「因為朋友強烈推薦才勉為其難來看診」的不情願，就連過程中也隱隱流露出「為什麼我非得來看身心科」的不滿。

我們聊了一會兒後，我發現他在思維上有一些固執點，如「完美主義」（二分法思考）。於是我跟他說：「說不定是這樣的思考方式，讓你感到很痛苦。」

M聽了，顯得有些困惑，似乎不太能理解我的意思：「嗯？是這樣嗎……」我便接著說：「沒關係，你可以回去試著想一想。」第一次的診療就這樣結束了。

我看他的表情，感覺不太能接受的樣子，原本以為他應該不會再來了。沒想到，下一次約診時，他竟然如期赴約。

他告訴我：「回家後仔細想了一下，覺得醫生您說的話或許有點道理……雖然我其實不太願意承認。」完美主義、膽小且細膩敏感的特質，並不符合他對自己理想形象的期待，但他開始嘗試接納自己的真實模樣。

每當我拋出提問：「這樣的思考模式是不是讓你感到痛苦？」M總是一臉難以接受，但還是把這個問題帶回家思考。下一次再見面時，他會告訴我：「或許真的就像您說的那樣。」他一點一點地接受現實，慢慢開始改變。

在不斷討論和思索的過程中，M每一次都帶著些微的改變回來，穩健地變化成長。當然，他也曾對我說過：「我覺得這對我一點也不適用。」

「誠實」的人，有能力改變自己

就在某一天，M哭著向我坦露內心的真實想法：「過去我總是硬逼自己工作要達到完美，一定得做出成果。但其實，我非常討厭自己這麼在意別人的眼光，厭惡如此軟弱的自己。如果現在不做些改變，即使換了職場環境，我可能還是會重蹈覆轍，這真的讓我非常害怕。」

話說回來，沒有人在被指出問題或課題時，能完全不掙扎、不抗拒。

尤其對有負面自我形象的人來說，當別人點出問題時，常會覺得「自己被責備了」或是「人格遭到否定」。接受自己的課題，需要時間。但即便需要時間，M面對他人提出的問題時，確實做到了「誠實面對自己，並在每一次的討論中努力正視問題」。

這種態度與「聽話」或「老實」稍有不同。M始終秉持著：「把別人指出的問題視為自己的課題，努力正面迎對。」這種態度源自於「自己的包袱，必須由自己背負」的信念。要是沒有這樣的心態，是做不到真正承擔與面對的。

我從M身上了解到，什麼叫做誠實。

經常有人問我，「什麼樣的人有能力改變自己？」我現在的回答是：「誠實面對自己的人。」

誠實面對自己，從接受自己的不完美開始。能夠客觀認識自己，包括自己「做不到」的部分，是接納真實自我的第一步。

我們當然可以期待未來的自己變得更好、更出色，用不著放棄那樣的可能性。

但此時此刻，就「只能做到這樣」而已，那也不是什麼大問題，甚至可以說：「現在的我已經很好了」。當我們能開始這樣想，才是真正接納現在這個

能改變的人
＝
誠實面對自己的人
別在意
不完美的自己
現在有些事情做不到也沒關係。

「看似絕望」的自己的時候。

當別人指出你的課題時，我們有時會感到憤怒，心想：

「這個人根本不了解我，憑什麼那樣說？」

「他什麼都不懂，有什麼資格教訓我？」

這是我們不想接受該面對的課題時，最常使用的「藉口」。

其實，我自己也不例外。有人對我提出刺耳的意見時，我也會本能地感到不滿：「他根本什麼都不懂！」甚至會想，「真想讓對方用VR來體驗我的感受。」這樣的情緒，最近才剛發生過，而且還很頻繁。

當這種情緒湧現時，大多是因為內心沒有餘裕。越是焦頭爛額，越容易忽視自己的疏失，反而沉浸在「只有自己最了解自己」的迷思中。然而，等半年後回頭檢視，常會發現：「那時候別人說的其實是對的，是我錯了。」即使對方未必能完全了解我們，但那些值得信賴的人所提供的回饋，往往出乎意料地準確、一針見血。

能夠同時具備「黑魔法師」的素養與能力，並願意對你提出既嚴厲又充滿愛的建議的人，其實非常稀有。即便有這樣的人存在，我們也未必剛好處在能接受他人意見的時機點。

不過，我認為那個「時機」和「對象」，應該由你自己決定。

你可以轉念想：「既然對方都這麼說了，或許真有道理也說不定……」試著先接納對方施加的「黑魔法」。當你願意這麼做時，就代表你已經做好心理準備，迎接即將到來的改變了。

關鍵道具① 分人主義

對抗「討厭的自己」的劃時代手法

接下來，我將為大家介紹能讓人生冒險旅程變得更輕鬆的「關鍵道具」。

首先，我想跟大家討論一下什麼是「**分人主義**」。

對那些覺得活著好累的人來說，「喜歡自己」是極為困難的事。

「我這麼糟糕，到了哪裡都還是一樣。」這種彷彿自我放棄的心態，即使掩飾得再好，也很難輕易消除。覺得「真正的自己」真是糟透了，這種對自己本質的自我否定感，通常不是一個能輕易克服的問題。此外，這種自我放棄的心態背後，往往潛藏著根深蒂固的「人的本質無法改變」的觀念。而這裡所說的「人的本質」，也可以理解為每個人獨一無二的「個性」。

然而，作家平野啓一郎提出了「分人主義」的概念，挑戰了「個性」這一傳統觀念。

「分人主義」的核心思想是，**人的基本單位並非「個人」，而是由多個「分人」組成的集合體**。

所謂「個人」，一般被視為人的最小單位。個人的英文是individual，意思是「無法再細分的個體」。但「分人主義」認為，「個人」其實可以進一步細分為更小的單位，稱之為「dividual」（分人，即可以再細分的個體），與「individual」（無法再細分的個人）形成對比。

每個人都擁有多個不同的面向，換句話說，我們擁有許多「分人」，所有的分人全部加起來，構成了完整的自己。每個人都存在著數個分人，而個人指的就是那些分人的集合體。

這聽起來可能有些抽象，讓我舉個具體的例子來說明。

比方說，有位A好了。

A在職場面對上司B、與國中時期的同鄉老友C相處，以及和同好社團的宅宅夥伴D互動時，不太可能都是同一個面貌。

態度、言談內容和性格展現出細微差異，是很正常的。但在這種情況下，究竟哪一個才是真正的A？是不是只有在D面前的A才是真實的他？其他情境下的A，難道都只是戴著面具在演戲嗎？

根據「分人主義」的理論，答案是否定的。

▼在上司B面前的A，是與B相處時展現的「分人」。
▼在國中時期同鄉老友C面前的A，是與C相處時展現的「分人」。
▼在同好會宅宅夥伴D面前的A，是與D相處時展現的「分人」。

「分人主義」認為，每段人際關係中，都存在一個專屬於那段關係的「分人」。而所有的分人集合起來，組成了完整的「A」。

傳統的「個人」觀點則認為，人存在著一個無法再細分的「真正的自我」，我們只是依據場合和對象，切換不同的面具罷了。

很多人可能會覺得，自己像變色龍一樣，隨著對象改變樣貌，這樣的自己「沒有一致性」。甚至認為自己一直在扮演「虛假的自我」，對自己產生厭惡感。

然而，根據「分人」的觀點，每一種情境中的「我」，都是「真正的我」。面對不同的人，展現出不同的自我，既不是「沒有一致性」，也不是「惡意欺騙」，而是很自然的現象。

你最喜歡的「分人」，是跟誰相處時展現出來的分人？

作家平野啓一郎進一步指出，所謂的**個性，其實就是「分人的構成比例」**。在我們接觸的各種環境中，如學校、公司或同好會等等，比例占得最大的「分人」會塑造出當下的「自我」。因此，當我們的環境改變、與不同對象互動時，個性也會隨之調整。

在《分人》一書中，平野啓一郎如此寫道：

「如果處在學校的分人感到厭煩，但放學後的自己過得不錯，那麼就應該以放學後的自己作為核心。」

「只要把學校裡的自己，與放學後的自己區分為不同的分人，心情就會輕鬆不少。」

由於我們會隨著相處對象的不同，自然而然展現出不同的「自己」。因此，只要調整跟不同來往對象的互動頻率，自己的個性也會隨之改變。

那些「討厭自己」的人，往往是因為某個分人讓自己痛苦不堪，甚至討厭得不得了。這樣的情緒不斷擴大，大到讓自己痛苦不堪。

而「好想死」的感受，可能源於其中一個「分人」活得非常痛苦，那個分人的負面情緒折磨著自己。如果是這樣，**遠離那些讓自己痛苦、讓你變得討厭自己**

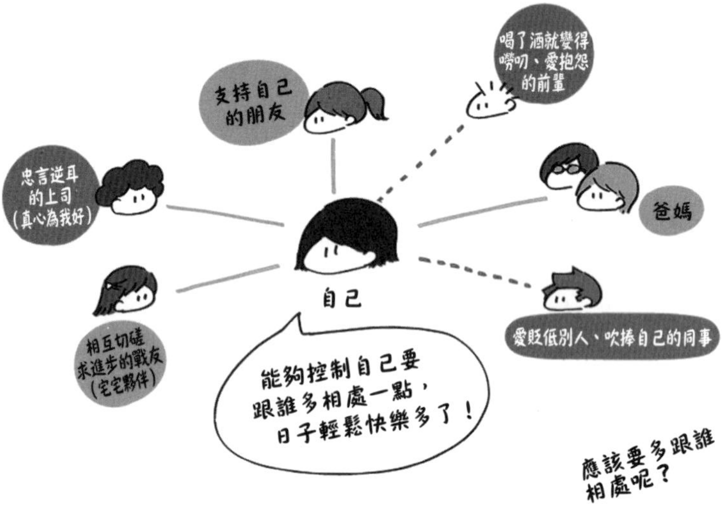

的人際關係，然後增加「我好喜歡跟這個人相處時的自己」這類人際關係的比例，才是解決問題的根本之道。

即便還達不到「喜歡」的程度，只要覺得「跟這個人相處時的自己還算不錯」、「不討厭那樣的自己」，其實就足夠了。只要多花一些時間與這樣的人相處，應該就能大幅改變你「分人」的構成比例。這是一種劃時代的手法，能主動改變一般認為改變不了的「自我」這個角色。

在《JoJo的奇妙冒險》第四部中，主角東方仗助曾對他敬愛的空條承太郎說：「和承太郎在一起，我總會感到『自豪』……彷彿得到內心的救贖。」

這世上有種關係，是只要與那個人在一起，你就能充滿自信。他們是真正「尊重你的人」。跟懂得尊重彼此界線、願意建立真誠關係的人相處，能幫助你培養出提升自信心的「分人」，進而獲得力量，對抗「討厭自己」這種煩惱。

如此一來，「我該多花時間跟誰相處？」這個問題，便顯得格外重要。幸運的是，這是你有主導權的事情，你可以透過選擇來改變自己。

關鍵道具② 小確幸

不做多巴胺的奴隸，用心過生活

對人類來說，什麼樣的狀態才稱得上幸福？

是一償宿願的瞬間？還是像八點檔連續劇般的愛情修成正果的時刻？

你還記得自己最幸福的那一刻嗎？如果那段記憶特別鮮明，那很可能是快樂荷爾蒙「多巴胺」發揮了強烈作用。

與幸福相關的荷爾蒙有好幾種，最具代表性的三種分別是多巴胺、血清素和催產素。

▼多巴胺

多巴胺是一種能帶來成就感、快感、滿足感與愉悅的荷爾蒙，又稱為「快樂荷爾蒙」。它是「獎勵系統」此一神經迴路的核心，能大幅提升人的動力與快感。

▼血清素

血清素是一種能平衡自律神經、消除焦慮並穩定情緒的荷爾蒙，因此又稱為「安心荷爾蒙」。

而劇烈的環境變化、氣壓波動，以及人際關係帶來的壓力，都可能導致血清素分泌不足，進而引發焦躁、憂鬱甚至偏頭痛等症狀。另一方面，血清素還是促進睡眠的「褪黑激素」合成的原料，因此與睡眠品質息息相關。

▼催產素

催產素與血清素相似，能帶來安全感與對他人的信任感，並有助於緩解壓力。這種荷爾蒙會透過擁抱等身體接觸，或與溫暖事物互動時分泌，因此又稱為「愛情荷爾蒙」或「擁抱荷爾蒙」。

☆多巴胺跟你想的不一樣

「成癮」這個詞，通常用來形容病態地渴求某些刺激，最典型的例子有酒癮、藥癮和菸癮。

然而，成癮的對象並不限於物質。例如，有人因賭博而傾家蕩產，或陷入手遊課金無法自拔；還有人購物過度，導致信用卡刷爆。這些對特定行為模式所產生的刺激上癮的現象，就是「行為成癮」。舉凡暴飲暴食、自殘、脫序性行為，甚至順手牽羊或性騷擾等犯罪行為，也都可以歸類為行為成癮的一種。

一般認為，這些現象的起因，跟腦內的「獎勵系統」有關，而其中的核心角色正是多巴胺。比方說，面對手遊抽卡這類帶有不確定性、報酬是隨機出現的事件時，多巴胺神經活動會顯著增加，促使玩家不斷重複這種行為。當人無法停止追求刺激，甚至沉迷於危險的戀情或狂把工作攬上身的壓力成癮時，都可以說他受到多巴胺的影響很大。

多巴胺式的刺激帶來短暫而強烈的快樂，但也極容易上癮。一旦上癮，其他事物所帶來的感動便顯得黯然失色。

人們常說：「戒菸之後，飯變得特別好吃。」這是因為不再依賴尼古丁提供的強烈多巴胺刺激後，重新找回對溫和刺激的感受，如「飯真好吃」這樣單純的滿足感。

另一方面，多巴胺所帶來的快樂並不持久。俗話說：「快樂與痛苦相連。」快感越強烈，隨後的空虛與失落感也越明顯。

無法忍受這種痛苦時，人便會渴求更強烈的刺激，最後可能在不知不覺中成為「多巴胺的奴隸」。因此，我們必須了解多巴胺具有這樣的特質和風險。

「耕耘生活」，很重要

那麼，我們該怎麼做？

我認為，**要避免成為「多巴胺的奴隸」，就必須「耕耘生活」**。日本有一個說法是「神聖與世俗」（原文為「ハレとケ」，由民俗學者柳田國男提出），用來對比「非日常」與「日常」。「神聖」指的是祭典或儀式等特殊、非日常的場合，而「世俗」則代表普通平凡的日常生活。

我的好友，同時也是診所的共同創辦人石井洋介醫師，曾說過：「讓『日常』變得充實豐富，其實是極具創造性又深奧的事情。」**他透過發掘生活中的小樂趣，如烹飪、打掃，並在日常中融入巧思，過著平和安穩且充滿幸福的生活。**

受他的影響，我也購入了一些廚房家電，試著享受與家人一起下廚的時光。這種享受日常的態度，正是對「耕耘生活」概念的最好詮釋。

「耕耘生活」的想法源於我對自身生活的反思。有段時間，我因為過度投入工作，導致私生活一團混亂。儘管那段日子留下了許多難忘的經驗，但我的內心也感到相當疲憊，壓力彷彿一觸即發。現在回想起來，那時的我或許已經成了「多巴胺刺激」的奴隸。

直到有一天，我突然意識到：「這樣下去太痛苦了，我可能撐不下去。」於是，我決定停下腳步，重新審視自己的生活方式，將生活調整為更穩定、平和，並放慢步調的日常。一種以「血清素和催產素」為基礎的幸福觀，成為了我的生活主軸，直到現在。

像瑪利歐撿金幣一樣，蒐集「小確幸」

重新思考對自己而言什麼是幸福，從來不是一件容易的事。

「到底什麼樣的情況，才稱得上是真正的幸福？」這實在是太大哉問了，很難找到明確的答案。正如組織心理學家、職涯理論大師埃德加．沙因（Edgar Schein）所說：「要理解人生真正的幸福，需要不斷回顧並內省一路走來的經歷，是一件需要用一生的時間慢慢完成的事。」從這個意義來看，這也正是職涯本質的寫照。

如果這種需要追求一輩子的幸福，稱為「宏觀的幸福」，那麼，世界上還有另一種幸福，是隱藏在具體的日常生活場景中「小而明確的幸福」。

蒐集生活中
小小的幸福
布丁好好吃
?
路上看到的
小狗好可愛
天氣真好
看到一篇
喜歡的文章
今天的妝
特別服貼

各位聽過「**小確幸**」這個詞嗎？

這個詞出現在村上春樹的散文集《尋找漩渦貓的方法》中，意指「小而明確的幸福」，簡稱為「小確幸」。

比方說：發現路邊的花開得真美麗，泡澡時感覺特別放鬆，布丁今天裝盤時格外好看，或者可樂餅蓋飯淋上醬汁後特別美味……這些日常中微小的幸福累積起來，確實能讓我們的情緒變得更加積極樂觀。

就像瑪利歐遊戲裡撿金幣一樣，透過在日常生活中蒐集這些「微觀等級的小確幸」，不僅是增添快樂的好方法，也能提升我們每一天的幸福感。

當你在日常生活中發現某些事情或場景，能讓自己湧現積極正向的情緒時，不妨停下腳步，對自己說：「這個，我喜歡！」養成這樣的習慣，能讓你的內心雷達更敏銳，捕捉到那些隱藏在生活細節裡的小小幸福，促進良性循環。

思考「宏觀的幸福」是什麼極為困難，但「隨手按下快門捕捉小確幸」，累積日常生活中的微小幸福，每個人都做得到。

盡可能蒐集小小的幸福，盡可能蒐集小小的不幸。

越多越好越多越好，這種心情你應該懂吧？

——THE BLUE HEARTS，〈激情的玫瑰〉

（JASRAC著作權登記編號：2002644-001。）

我不確定這首歌在三十年前推出時，主唱甲本浩人是否有意傳達這樣的訊息，但比起當年在KTV瘋狂點唱這首歌的自己，現在的我似乎更能體會這首歌所隱含的意義了。

關鍵道具③ 體內時鐘

掌握光的力量，支配時間

人類的壓力反應與「自律神經系統」有著有密不可分的關係。

▼自律神經：根據環境變化，自動調節體溫、心跳、血壓及內臟功能（不受大腦意識控制），是掌管身體系統運作的關鍵角色。

交感神經（戰鬥模式）：消耗能量、提升血壓與體溫，讓身體隨時保持警戒狀態，以應對活動或突發狀況。主要於日間運作。

副交感神經（休息模式）：促進身心放鬆、儲存能量，有助於身心的修復與休息。主要於夜間運作。

自律神經分為交感神經與副交感神經兩種模式，會根據外在環境的變化自動切換。一旦兩種模式「切換自如」，便能讓身心維持在健康穩定的狀態。

讓生活運作順暢的關鍵在於：「**盡可能維持固定的生活作息，睡覺、起床和日常活動要有規律**」。換句話說，當我們按照「體內時鐘」的節奏行動時，交感神經與副交感神經會自動切換，維持身體的最佳狀態。

當動物面臨天敵威脅進入壓力狀態時，交感神經（戰鬥模式）會迅速啟動，幫助牠們立即採取「戰鬥」或「逃跑」的行動。這種狀態猶如拉響警報，提醒牠們「這裡很危險！」

交感神經活躍時，代謝會加速，能量消耗增加。你可以想像一隻全身毛髮豎立、緊張地發出「嘶嘶嘶」聲音的貓，交感神經拉警報的狀態，大概就像這樣。這是一種在攸關生死的場面中，幫助我們迅速採取行動的本能反應。

然而，現代人的壓力越來越慢性化。討人厭的上司、擁擠的通勤列車、無止境的工作壓力……雖然這些壓力不像猛獸攻擊或海嘯來襲般的「生死攸關」，但長期累積下來，卻讓交感神經過度活躍，宛如狂戰士發威。

在這種情況下，「這裡很危險！」的警報不斷響起，停不下來。戰鬥模式與休息模式的切換失靈，我們的身體便長期處於無法放鬆的警戒狀態，就像毛髮始終豎立的貓，時時刻刻警戒著，準備隨時應對威脅，永遠無法鬆懈。

這種情形就像身邊明明沒有地雷，卻彷彿身處地雷區，神經繃緊到極限。由於能量消耗過大，身體容易感到疲憊。到了晚上，副交感神經（休息模式）無法順利運作，導致難以入睡，或是容易半夜醒來。如此一來，不僅無法消除疲勞，反而讓疲憊感不斷累積，造成惡性循環。

☆ 順著體內時鐘來生活

陷入這種惡性循環，我們需要有效切換交感神經與副交感神經兩種模式。在這個過程中，「**體內時鐘**」扮演了非常關鍵的角色。

人類的生活節奏是以一天二十四小時為週期規律運作的：天亮時自然清醒，

在固定的時間感到飢餓，到了夜晚便昏昏欲睡。

這是因為我們的身體內建了一個「看不見的時鐘」。體內時鐘並非抽象的感覺，而是實際存在於「體內時鐘細胞」中。這些細胞分布於大腦、皮膚、血管和內臟等部位，幾乎遍及全身。體內時鐘細胞內的「時鐘基因」大約以二十四小時為一個週期，反覆合成與分解時鐘蛋白，並藉此產生信號，以維持體內時鐘的規律。

體內時鐘讓我們能在適當的時間分泌正確且適量的荷爾蒙，幫助我們的能量使用效率達到最大化。

具體來說，成長激素、褪黑激素和皮質醇等荷爾蒙的分泌，都仰賴體內時鐘的規律運作。例如，早晨起床前，皮質醇會使血糖與血壓上升，幫助我們準備醒來。若失去皮質醇的作用，早晨醒來就會變得非常困難。

另一方面，早晨曬太陽可以抑制讓人昏昏欲睡的褪黑激素分泌，讓我們快速清醒。而在睡覺時，生長激素則負責修復細胞，強化骨骼與肌肉，並提升免疫力。

人類自六百萬年前開始，就依靠日光進行狩獵與採集活動。這意味著，我們的身體早已演化成最適合「日出而作，日入而息」的生活模式。

然而，大約在一百五十年前，愛迪生成功將電燈普及化，人類征服了夜晚的黑暗。即使沒有陽光，人類仍能在夜間從事各種生產活動，違背體內時鐘「該休息了」的訊號，持續活動成了理所當然的事。然而，身體「隨著太陽起落作息」，是人類經歷數萬年演化而來、最適合的生活模式，短短的一百多年尚不足以改變我們的生理結構。因此，一旦遵循這種違背自然規律的生活方式，身體便容易產生問題。

實際上，有研究顯示，夜班工作者罹患憂鬱症與某些癌症的風險較高，**偏離陽光的生活模式恐怕「不利於健康」**。

體內時鐘調控自律神經的兩種模式，幫助我們建構出，對生存而言最有效率的活動與休息的生活節奏。按照體內時鐘作息，能讓活動效率達到最佳，這套生存策略是人類身體數萬年前就已經設計好的。因此，配合體內時鐘安排生活作

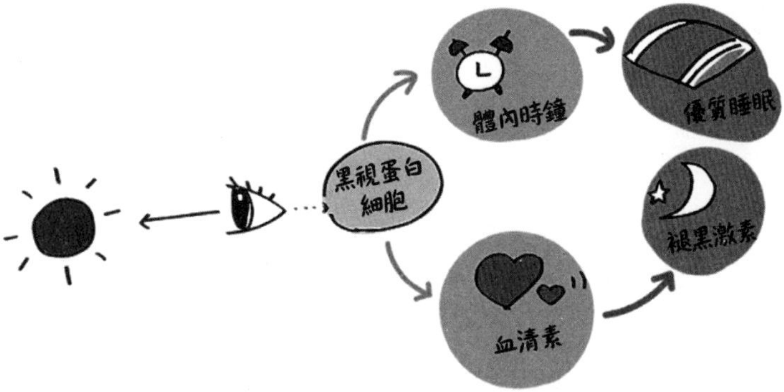

息，是維持身心健康非常重要的關鍵。

而「光」是調控體內時鐘的關鍵。

受光影響的關鍵在於視網膜上的「黑視蛋白細胞」（melanopsin cell）。當高度的亮光進入眼睛時，黑視蛋白細胞發出的訊號，會對交感神經產生作用，其不僅能調節體內時鐘與自律神經，還會影響能調節情緒的腦幹縫核（raphe nucleus）等大腦部位，促進與情緒穩定相關的血清素合成，帶來安全感與幸福感，發揮多種有益身心健康的效果。

實際上，光與憂鬱症有著密切的關係。目前已知，在日照減少的冬季，即使是健康的人，大腦中的血清素生成量也會降低，容易罹患「冬季憂鬱症」。

針對這類情況，有一種稱為「光照療法」的治療方式。透過在早晨照射高亮度光源（約五千至一萬勒克斯），可以改善日夜顛倒的作息與冬季憂鬱症，對非季節性的憂鬱症也有不錯的療效。目前這類設備也可以透過電商如亞馬遜購買。不過，其實無須購買設備，我們可以用更簡單的方法調整體內時鐘。

那個方法就是：「**早晨時，直視太陽光約十五秒鐘**」。

這個方法的重點在於「直視太陽」。視網膜中的大部分細胞負責「看東西」，而黑視蛋白細胞則位於眼睛深處，僅占極少的一部分。如果光線以斜角進入，黑視蛋白細胞接收光的效率會大幅下降。

直接凝視太陽（即使稍感刺眼），與低頭看著地面或牆壁、間接接收陽光相比，兩者的效果天差地遠。

能夠有效刺激黑視蛋白細胞的光亮度，大約需要數千勒克斯。以下是日常生活中常見光源的亮度：

▼太陽光：「晴天的陽光」十萬勒克斯／「陰天的室外」數萬勒克斯。

▼人工光：「一般辦公室照明」一千勒克斯／「一般住宅照明」五百勒克斯／「間接照明」一百勒克斯。

由此可見，太陽光帶給人類的能量無與倫比。從古埃及的「拉」（Ra）、希臘的「阿波羅」，到日本的「天照大神」，世界各地對太陽神的崇拜絕非偶然。

盡可能每天在固定的時間起床，直視太陽或直接曝曬於陽光下。即使無法看到太陽，也可以注視相對明亮的地方，藉此調節生理時鐘。此外，感到疲憊時，直視陽光往往比咖啡因更能有效提神。

日光既方便又免費，可以說是一項非常了不起的「寶物」。我們一定要每天好好利用太陽這項偉大的能量。

關鍵道具④ 如何面對批評

抵抗「越界」的防禦之盾

接下來，我想跟各位談談「如何面對批評」。

活得很痛苦的人，心理防禦力往往偏低，別人說一點否定的話語，可能就會大受打擊。

因此，劃清「我的問題」和「你的問題」之間的界線，變得格外重要。然而，現實生活中，經常有人神經大條地忽視這條界線，「越界」干涉他人的生活。例如，上司可能突然冷嘲熱諷，或者有人在社群媒體上擅自留下負評。

那麼，遇到這類批評時，我們應該如何面對與處理？

無論對方的意圖是什麼，批判性的言論對我們來說，通常都會帶來相當大的衝擊。

情緒因此產生波動是很正常的。無論是感到「憤怒」還是「悲傷」，都沒有關係，先全然接受這些感受。畢竟，人類「產生情緒」本來就是很正常的，沒有「不該存在的情緒」。

當你感受到負面情緒時，請回想一下前文提到的基本原則：接納自己的情緒，但不要反射性地立即反擊。將情緒與要採取的行動分開處理，是非常重要的。

接下來，判斷是否需要回應對方。

而判斷基準在於：這段關係對你來說是否重要。

如果對方是你珍惜的伴侶、朋友，或者是能幫助你成長的「黑魔法師」，那麼你應該真誠地接受他們的意見。

重點不在於「應不應該重視」，而在於「你想不想重視」。即使對方是你的父母或上司，如果你認為「彼此合不來」或是「沒必要、也不值得重視」，那就沒有必要回應對方。

從這個角度來看，來自網路的匿名批評，都不需要、也不值得認真對待。那些擅自發表負面匿名評論的人，都不是你必須花費力氣改善關係的對象。

即使對方主張：「我這樣說是為你好」，判斷那個「為你好」是否出於善意，或是否已經越界，決定權始終在你手上。一位擅長公開溝通的醫師朋友曾說過：「假如彼此的立足點不同，雙方既無法討論，也沒有爭辯的餘地。」我非常同意這句話。

正如歐洲有句諺語所說：「通往地獄的路，是由善意鋪成的。」「善意」是個麻煩又棘手的東西。即便對方的行為真的是出於善意，你也沒有任何義務去接受這些「善意」。雖然許多惹人厭的行為，往往正是源於「善意」，真正出於惡意的人其實並不多。

破解五種批評類型，升級你的心理防禦力

批評性的言論可以分為五種類型。為了幫助你以更平和、更有建設性的方式回應批評，同時提升心理防禦能力，我將逐一說明每一種批評類型的意圖及因應策略。

▼①指正

針對你的具體情況和特定行動，提出改善建議。

例如：「這個企劃可以再雕琢一下嗎？」「希望你能再用心傾聽。」

應對策略：如果對方是為了你的幸福著想，是「帶著愛的批評者」，且你能感受到對方的誠意，不妨抱持「也許真的是這樣」的態度，先認真思考對方的意見。如果認同對方指正的內容，積極接納並用來改善自我，或許會是個好選擇。

這類言論不是針對你的具體情況或特定行為給予建議，而是試圖改變你這個人。

例如：「都出社會了，應該要像個成熟的大人。」「你的想法那麼軟弱，在社會上根本行不通。」

▼② 控制

雖然這種批評往往出於「好心」，但背後隱藏著「你應該照我的意思去做」的自以為是心理，以及「如果我不幫忙，你恐怕會很困擾」的責任感與焦慮感。當事人與批評者的關係較為親近時，尤其容易出現這類越界行為。

判別「控制」與「指正」的關鍵在於，控制言論經常帶有威脅語氣，像是：「不照做，我就不理你了」或「不聽我的話，你會吃虧的！」試圖藉此激起對方的焦慮或罪惡感，以巧妙控制對方。

應對策略：清楚劃分自己與對方的界線。如果你覺得對方已經「越界」了，可以先稍微拉開跟對方的心理距離，以減輕自己害怕遭到拋棄的焦慮感，然後再冷靜地評估對方的意見是否對自己有幫助。之後的處理方式與「指正」一節的內容相同。

▼③ 指責

指責的真正意圖通常不在於協助改善，而是單純發洩自己的不滿、憤怒或焦慮。

例如：「你到底在想什麼？笨死了！」「都是你的錯，事情才會一團糟！」指責通常沒有建設性，多是因情緒失控、一時衝動所說的激烈言語。某些情況下，發起指責的一方可能因長期壓抑需求，最後情緒爆發，以指責他人的方式來表達情緒。

比方說，原本只是想說「希望菜做清淡一點」，卻變成「你明明知道我有高血壓，還煮這麼鹹，是想害我早死嗎？」這類充滿情緒性的發言，會讓聽者覺得「遭受攻擊」，而震驚不已，並且滿腦子都想著要怎麼防禦或反擊，完全忽略了發起指責的一方最初的需求。

應對策略：不要為情緒化的言語所困惑。雖然對方使用情緒化的話語時，便已經越界了，但你仍然需要冷靜地判斷：自己是否關心、在意對方。如果是，請試著思考看看：「對方這樣說的背後，隱藏了什麼樣的情緒或需求？」待對方冷靜後，再詢問看看他真正希望你怎麼做。

如果發現對方對你並不重要，或你沒有餘裕能處理這個問題時，你可以果斷關上「內心那扇窗」，不需要理會對方。快速判斷「在這個狀態下，我無法跟對方對話」，然後像優雅的水鳥一樣，平靜從容地離開。假如對方充滿惡意，你可以選擇斷絕關係，或以堅定的態度回應對方的攻擊。

▼④ 防衛

防衛性言論並不是為了表達什麼，純粹出於保護自己的立場或為了合理化自我，反射性地做出回應而已。

例如：「都是因為你沒說明清楚，害我下錯單！」「你那種說話方式，有誰想聽啊！」

應對策略：我們可能會因為對方的防衛性言論，產生莫名的罪惡感，或覺得對方只是在無理取鬧地發脾氣，最後常常會讓我們感到很混亂、不知道怎麼回應。

落入「誰對誰錯」的爭論通常沒有實質意義。不如先將對方針對性的話語擱置於一旁，然後判斷對方是哪一種人，是「只會一味為自己辯解」的類型？還是「能好好正視問題」的類型？如果是後者，等雙方冷靜之後，應該有機會一起討論事情到底是怎麼一回事。但如果是前者，則不必糾結太多，只須平靜地接受：「原來他就是這樣的人啊。」

▼⑤ 嘲諷和毒舌

嘲諷和毒舌的本質並非為了改善什麼。

例如：「你的腦子是用來裝飾的嗎？」「我說再多次，你也做不到吧。」

這類人常透過嘲諷或尖酸刻薄的話語，來展現自己的「幽默感」或「毒舌風格」，滿足他們強烈的自我表現欲。簡單來說，他們就是拿別人開玩笑，以滿足內心渴望被理解的需求。

應對策略：這類言論沒有任何建設性，因此你不需要採取任何行動。面對這類語言攻擊，就像對待網路酸民一樣，最好的辦法就是忽略。

毒舌或尖酸刻薄的攻擊，往往讓人感到受傷。

作家水野敬也曾提到，喜歡搞笑或逗笑眾人的人，容易落入一個陷阱：「他們透過逗笑別人，來證明自己的創意和品味優於他人，甚至以此為目標。」

然而，為了證明自己的力量，卻「沒有愛的幽默」，只不過是暴力的展現罷了。面對這類言論，與其將其視為針對你的攻擊，不如將其理解為對方內心的「認同渴望」。這些人只是透過這種方式，想讓別人注意自己而已。

（參考資料：ASK 選書（13）《批評之後，你的內心發生了什麼事？》，ASK Human Care 出版。）

增加「抗壓」牌組

關鍵道具⑤ 因應策略百寶箱

當生活感到困頓時，能幫助我們自主走出困境的行為，在心理學中稱為「**因應策略**」。例如：煩躁時喝杯茶、敲打牆壁、聽音樂等，這些能幫助放鬆心情的行為，都屬於因應策略。

在《勇者鬥惡龍》中，有一個道具叫「天使之鈴」，能幫助角色在混亂中恢復冷靜。同樣地，學會根據不同的壓力情境與強度，使用適當的因應技巧，也能改善人生困境。

就像遊戲中擁有越多的魔法與特技，能應付的敵人就越多。同樣的道理，為因應各種不同的壓力，我們必須盡可能擴充「因應策略牌組」，這是迎戰壓力的訣竅。

我將自己擁有的因應策略稱為「因應策略百寶箱」。擴充因應策略的種類十分重要。

在擬定因應策略時，有兩個關鍵因素：

①效果：包括短期效果與長期效果。

②成本：實施時所需的時間、金錢，以及對健康與人際關係的影響。

然而，有些因應策略，原本是為了幫助自己，長期下來卻可能帶來更多痛苦。比方說：酗酒、吸菸、賭博，甚至割腕等自殘行為，都是這類因應策略的典型案例。

傷害自我，是一張危險的王牌

討論因應策略的成本與效果時，我們要再稍微探討一下「自殘」這項特殊的因應方式。

據統計，日本約有一成的青少年，都有某種形式的自殘經驗。

當不愉快的負面情緒排山倒海而來，怎麼也無法緩解時，自殘可能成為一種緩解方式。心理痛苦難以忍受時，將內心痛苦轉換為身體疼痛，能短暫降低這種痛苦的感受。實際上，自殘後大腦會釋放類似腦內啡的物質，帶來如「釋放」般的舒適感，減緩痛苦。

大家對自殘都有一個誤解，那就是，其實自殘並非為了「吸引別人注意」。典型的自殘行為，大多發生在獨處時，且不會透露給別人知道。選擇自殘的部位多半是看不見的地方，如手臂內側或大腿等位置。自殘的目的並非尋死，而是為了在艱難的現狀中尋求生存，是一種迫於無奈的求生因應方式。

然而，自殘行為存在一個令人擔憂的問題，那就是會產生「耐受性」。隨著自殘次數的增加，減輕內心痛苦的效果會逐漸遞減。這與酗酒者「借酒消愁」的情況相似，為達到相同的紓壓效果，酒必須越喝越多。相同的道理，自殘行為需要更大的強度，才能帶來相同的緩解壓力的效果。起初，可能只有在遭受八〇％到九〇％的情緒打擊時，才會選擇自殘。但長期下來，身體對這個行為產生了耐受性，效果變得沒那麼明顯。最後，僅僅二〇％到三〇％的情緒打擊，也可能誘發自殘行為。

短期內，自殘行為的確能緩解痛苦，但長期來看，其效果逐漸遞減，需要付出高昂的健康與人際關係代價。例如：留下明顯的傷疤，或因傷口過深導致大量失血。此外，當朋友目睹你的自殘行為時，也可能會嚇到不知所措。

自殘原本是為了幫助自己，卻可能導致健康惡化、經濟損失，甚至影響長期的身心健康。類似的高風險因應策略，還包括「對他人或物品發洩怒氣」、「酗酒」、「無保護措施的性行為」、「危險駕駛」以及「衝動且無節制的購物行為」等等。

仰賴自殘，未必就是大錯特錯。

自殘是「為了活下去所實行的因應措施」，當事人的環境可能迫使他們選擇這種行為。從這個角度看，自殘可以視為求生的救命索。與其傷害他人、縱火，或結束生命，他們選擇了不會影響他人、「高CP值」的方式來釋放情緒。在這樣的脈絡下，單純主張「自殘是不對的」，反而偏離了問題的本質。

然而，雖然自殘行為短期內效果顯著，但它是成本極高的因應策略。長期來看，自殘行為可能讓生活變得更加艱難，就像一張危險的王牌。

正因如此，除了自殘、酗酒、無保護措施的性行為等可能傷害自己的因應策略之外，我們「**需要增加手上其他牌卡的數量**」。即使某些策略的效果相較之下沒那麼顯著，盡可能累積低成本且相對安全的「牌卡」，仍然十分重要。

☆ 手上的抗壓牌卡越多越好

在撲克牌遊戲「大富豪」中，玩家需要打出比場上更強的牌，最快出完者

勝，依序可成為「大富豪」、「富豪」和「平民」，而最後一名則是「大貧民」。在這個遊戲中，數字越大的牌越強，從數字3（最弱），依序按Q、K、A、2排列，而王牌（Joker）則是最強的牌。

因應壓力時，如果每次面對3或4這類輕微壓力，都使出「A」或「王牌」這類強牌，手中的牌很快就會耗盡，難以因應更大的挑戰。因此，我們需要保留一些中等強度的牌（例如6或7）在手上，以備不時之需。根據壓力的大小，選擇合適的策略，能讓我們在壓力管理上更具彈性與韌性，進一步提升壓力管理能力。

雖然運動耗費體力，需要的因應成本相對較高，但它不僅有益健康，還有研究顯示運動有助於改善憂鬱症。運動過程中，大腦會釋放與自殘後相似的腦內啡，這種體內的天然止痛劑能放鬆心情，帶來愉悅的感覺。

此外，「哭泣」也是一個非常有效的策略。

流淚能釋放壓力荷爾蒙，讓心情變得輕鬆愉快。

如同前文提到的反芻思考，當我們被焦慮等負面情緒吞噬時，往往執著於「過去的痛苦」或「未來的擔憂」，內心常常不在「當下」。這時，透過「五感」幫助自己回到當下，是個非常推薦的因應策略。

例如，焚香、喝杯深焙咖啡，或用冷水洗臉、泡腳等，這些方法成本低廉且效果明顯，能成為我們百寶箱中的好牌。

以下為各位介紹一些，我的患者實踐過或推薦的因應策略：

▼**騎摩托車，感受風打在臉上的感覺。**

▼**赤腳在海灘上散步，感受海水和沙子的觸感。**

▼**到附近的寺廟或神社散步，試著深呼吸或冥想。**

▼**剪頭髮，丟掉不需要的衣服。**

▼**放一首熱鬧的音樂，在房間裡跳舞。**

▼**把別人對你的「稱讚」整理成冊，心情低落時就拿來看一看。**

當你受到強烈的情緒打擊，甚至出現想傷害自己的衝動時，可以嘗試以下替代的因應策略：

▼**緊緊握住一顆冰塊，直到感覺手很痛。**

▼**用力彈套在手腕上的橡皮筋。**

▼**把海綿球或捲成球狀的襪子用力扔向牆壁。**

▼**把臉埋進枕頭裡，大聲尖叫。**

▼用紅色馬克筆或指甲油，在想割傷自己的地方畫出傷痕，再用黑色馬克筆畫上縫線。

▼寫一封詛咒信，給你憎恨的對象或傷害你的人，信寫完後不必寄出，寫完就可以撕掉，也可以保存起來、以後再讀。

（以上摘自《辯證行為治療實踐訓練手冊》，星和書店出版。）

即使試過這些替代方法，仍無法完全停止自殘行為，也不需要感到太沮喪或自責。最重要的是，你嘗試了其他替代方案，而不是立刻選擇最極端的策略，這本身就是一大進步。

另外，我建議準備一個可以隨身攜帶的「因應策略百寶箱」。比方說，你可以使用手機備忘錄或小筆記本，把自己的「因應策略清單」記錄下來，像護身符一樣隨時帶在身邊。隨著清單上的策略越來越多，代表你的壓力處理能力正在逐步成長。

就像玩ＲＰＧ一樣，隨著等級提升，可以運用的「魔法」越來越多，這樣的成長或許能為你帶來一些樂趣。

關鍵道具⑥ 自我決定

不要讓別人奪走「你的決定權」

最後一個關鍵道具是「**自我決定**」。

我認為「自我決定」是人生旅程中不可或缺的重要元素。因此，我經常告訴患者：「請盡可能在日常生活中增加『自己做決定』的經驗。」以下是我如此建議的理由。

「什麼決定了人類的幸福？」

各式各樣的研究都試圖回答這個巨大的提問。

自一九七〇年代起，人們逐漸發現：「收入增加，幸福感未必會隨之提升。」這項觀點最早由經濟學家伊斯特林（Easterlin）提出，並命名為「伊斯特林悖論」（Easterlin paradox），引起了廣泛關注。這代表金錢能帶來的幸福是有限的。二〇一八年，日本針對兩萬名受試者進行了一項研究，結果顯示，相較於收入或學歷，「自我決定」對幸福感的影響更為顯著。

「自我決定」，是人生幸福的關鍵。

這一點，是不久前病故的父親給我最深刻寶貴的教導。

我的父親是一位典型的昭和嚴肅爸爸。對於愛玩遊戲、個性悠哉的我，他常常表現出不滿，我們也因此不時有爭執。我們感情不算親密，甚至很少有愉快的交談或小酌的機會，但我對他的「人生態度」懷有深深的敬意。

父親是一名公務員，工作非常認真。好不容易等到退休，正打算好好享受旅行的樂趣，卻診斷出癌症，而且病情惡化得很快，快到讓人措手不及。

即便父親得知病情不太樂觀，他依舊保持積極，徹底研究自己的疾病和治療方法，並制定出讓自己心服口服的治療方針。即使當時的主治醫生已經舉白旗，無法提供更多協助，他仍主動與其他醫院的新藥臨床試驗接洽，努力尋求治療的機會。

父親不僅親自決定治療方針，就連後事，例如遺產分配、葬禮流程，甚至葬禮上播放的背景音樂，全部都自己安排得妥妥當當的。

雖然他的決定有時不盡合理，甚至引發了爭執，家人也常常對他說：「你這個人真是太固執了。」但他始終堅持自己的態度，不為所動。

當時的醫療資源與醫護人員的態度，稱不上是很理想，甚至有些讓人感到心寒的處理方式。父親在這樣不合理的情況下，竭盡一切可能，在有限的選擇中，以自己能夠接受的方式，做出了屬於自己的決定。

即使癌細胞轉移到腦部，逐漸侵蝕他的思考能力，但父親仍然在自己還能作主的時候，堅持自己做決定的原則。直到父親的「思考」能力被完全奪走，他彷彿沒有牽掛般地很快就離世了。

父親的身影中，另一個讓我印象深刻的地方是，他在面臨生命終點時，展現出更加珍惜日常生活的態度。

他抱持著極為簡單樸素的幸福觀：「愛吃飯，愛閱讀。」

持續閱讀，直到無法閱讀為止。享受每一餐，直到無法進食為止。

生命即將走到盡頭時，人們或許會覺得：「學習已經沒有意義了吧？」但父親的求知欲絲毫未減。而且令人吃驚的是，他的生活方式幾乎沒有什麼改變。即便學習的新知無法傳授給他人，他仍然為自己而學習，純粹享受吸收知識所帶來的樂趣。

「生命即將走向終點」、「能做的事情越來越少」。這樣的恐懼可能遠超乎我們的想像，然而，父親始終堅守著他簡單的幸福原則，就像他透徹明白什麼才是自己人生的養分一樣。他每天持續讀書，直到再也無法讀下去為止。

那樣的態度，既單純又帥氣得不得了。

父親清楚地界定了日常生活中屬於自己的幸福，並不斷為實現這些幸福，做出選擇與努力。父親堅定的人生態度，讓我不禁思考：「我是否也能做到像他那樣？」這在我的心中留下了非常深刻的印象。

能夠從父親身上看到如此令人敬佩的榜樣，我覺得自己非常幸運。

父親讓我深刻了解到，「人生要過得幸福，『自己做決定』有多麼重要」。

有時，人們出於善意或擔憂，會建議「你應該……比較好」，試圖控制他人的行動。我自己也曾多次犯下這種錯誤，特別是對方處於弱勢時，更容易不經意地越過界線。然而，奪走對方的自主決定權，實際上就等同於剝奪對方幸福的權利。我們必須謹記在心。父親身為患者，處於「弱勢的立場」，卻依舊堅守著自己的選擇權，直至生命的最後一刻。父親展現出生命「強韌」的一面，讓我學到什麼是「活得精彩，走得自在」，為我帶來許多啟發。

父親在抗癌期間所選擇的治療方針，從醫學角度來看，或許並不是最佳選擇。他本來可以選擇其他更能延長壽命的療法。然而，父親基於自身感受與價值觀，在自己可以接受的範圍內，做出了決定：「做到這裡就好，超過這裡就不做。」為自己做的選擇承擔後果。我從父親的臨終體悟到很多事情，其中一個就是，讓自己活得「滿意」，原來是如此堅強且美麗。

人生與RPG的不同之處

雖然我曾說「人生就像是RPG」，但兩者之間有非常大的差異點，那就是，人生不存在預先設定好的「正確選項」。

我們在面臨人生選擇時，往往過於重視「不能做錯決定」這件事。從學校、找工作、挑伴侶到服裝打扮，我們經常認為必須做出「最不容易出錯的選擇」，覺得這才是正確的生活方式。這種想法背後隱藏著一種價值觀：「選項中一定有『最正確的答案』，如果沒有挑對，很有可能會吃虧。」然而，人生不存在絕對正確的解答，只有讓自己感到「滿意」的答案。

覺得人生充滿困頓的人，往往對自己的選擇感到不安與後悔。他們對自己的決定缺乏信心，總希望由別人來替自己做選擇，或者挑多數人認為的「正確」選項。然而，一旦被這種「根本不存在的正確解答」束縛，就永遠無法對自己的選擇感到滿意。

為自己的人生而活的人，是那些「對自己的生活方式感到滿意」的人。那並不代表他們總是選擇了「正確」的答案，而是面對掙扎與迷茫，仍然能在每一次人生的選擇中，做出讓自己接受、滿意的決定。

要做到這一點不是件簡單的事，但透過汲取優質的新知，以及一定程度的努力與探索，相信你一定能對自己做出的決定越來越「滿意」。

然而，要對自己的選擇感到滿意，最重要的關鍵在於，有「接受自己選擇」的決心。

如果做好「自己承擔選擇的責任」的心理準備，即使結果不盡如人意，你也不會苛責過去的自己或怪罪他人。同樣地，你也不會因為過度思索那些沒有選的選項而困在過去，而是能坦然接受事實——「當時的我只能那樣選擇」，把那個經驗當作教訓，平靜地看待，反而樂得輕鬆。雖然自己做決定的過程可能有點辛苦，但長遠來看，自己做決定，活得才輕鬆自在。

此外，持續累積自己做決定的經驗，能帶來勇氣。無論身處怎樣的絕境，只要能告訴自己「這些都是我自己做的選擇」，就足以讓你變得強大。這應該能幫助你堅持自己的人生主導權，成為推動你向前行的動力。

盡可能增加「這是我自己選擇的」的經驗，努力不要奪走他人的選擇權，或是讓他人奪走你的自主選擇權。

相信這樣做，能提升你對自身生活方式的滿意度，活出真正屬於自己的「人生冒險旅程」。

我衷心期盼，這本書所傳遞的內容，能為你提供一些啟發，幫助你增進對自己人生的滿意度。

減輕痛苦的「精神糧食處方箋」

在我們的診所，有一項名為「精神糧食處方箋」的服務。「精神糧食處方箋」是向前來諮詢的人，推薦一些有助於緩解痛苦的作品或書籍。

對於那些懷抱著難以釐清的痛苦或面臨人生困境的人，我會推薦能幫助他們梳理思緒的書籍、描繪相似痛苦與困難的作品、療癒人心的音樂，或是其他能讓人放鬆心情的內容。

當人們在作品中找到自己的影子時，能幫助他們為自身痛苦描摹出輪廓，而這樣的過程本身便能減輕壓力。此外，內心充滿負面思緒，怎麼也靜不下來時，聽廣播或音樂等被動型內容，也能有效填補內心的「空白」。對希望盡快熬過絕望夜晚的人來說，這樣的內容無疑是一種救贖。

以下是本院經常推薦的幾部作品：

《Cook》，作者：坂口恭平（晶文社）

很多人認為「烹飪是一種療癒」。這本書講述為自己「烹飪」的過程，如何與生命的意義緊密連結。希望那些從未下廚的人能讀一讀這本書。

《千尋小姐》，作者：安田弘之（秋田書店）

這是一部描述曾在色情行業工作的「千尋小姐」，來到鄉下便當店打工後，從顧客身上看到各種不同人生故事的作品。書中對人性的脆弱與煩惱描寫細膩，特別適合那些被「理所當然」壓得喘不過氣的人閱讀。

《懶懶》，作者：陽菜檸檬（小學館）

這本書描述女主角隱藏自己是懶懶星人，努力「擬態」成一名 24 歲 OL 的故事。特別適合那些因迎合他人而感到疲憊的讀者。

《懶人瑜伽》，作者：崎田美菜；審訂者：福永伴子（台灣由漫遊者文化出版）

當負面思緒反覆出現時，瑜伽和正念冥想是非常有效的因應方法。這本書是非常入門的基礎教材，內容淺顯易懂，是我經常推薦的一本書。

而我最常推薦的歌曲，是樂團Flower Companies的〈深夜高速公路〉。我是在小學時，收聽伊集院光的廣播節目認識這首歌的。伊集院光平時很少公開稱讚特定的音樂人，但他說第一次聽到這首歌時，忍不住流下了眼淚。這段小插曲讓我對這首歌特別有好感。

以下是這首歌中我最喜歡的一段歌詞：

活著真好，活著真好，
尋找活著真好的夜晚。
活著真好，活著真好，
活著真好的夜晚在哪裡？

（JASRAC著作權登記編號：2002644-001。）

這段歌詞完美呈現了人們深陷「人生困境」時，彷彿走在看不到盡頭的迷霧中的感受。這首歌對我而言有著特別的意義。

〈深夜高速公路〉的原曲非常動人，而收錄於湯川潮音的致敬專輯《活著真好聚會》中的版本，也非常值得一聽。相信這首歌能帶來療癒的力量，為你的內心恢復一些HP。

現代版的「頓悟之書」

在《勇者鬥惡龍》中，有一種稀有道具叫「頓悟之書」，能讓角色成為無所不知的賢者。由於我的知識有限，有些地方無法傳達得很清楚，因此借用這個概念，我想在下一頁介紹幾本書，提供一些資源，幫助各位更深入了解相關主題。

◆ 想深入了解什麼是「分人主義」

推薦閱讀《分人》（平野啓一郎著，台灣由新經典文化出版）
這本書寫得非常好，好到我希望藥局能把它當作處方箋來開。

◆ 想多了解「害怕遭到拋棄的焦慮感」和「100%的幻想」

《透過心智化治癒童年創傷的傷口》（崔炯仁著，星和書店出版）值得一讀
這本經典著作，適合恐懼被拋棄的人以及陪伴在旁的支持者閱讀。

◆ 想更了解什麼是「自殘行為」

可以看看《忍不住傷害自己》（松本俊彥著，講談社出版）
這是一本幫助你了解自殘傾向的人在想什麼的入門書。

◆ 想了解如何更好地「休息」

推薦閱讀松島陽子的 note 文章〈你是必須喝柳橙汁？還是想喝柳橙汁？我那段留職停薪的日子〉
特別適合正在留職停薪休息的人。

◆ 想深入了解「自我覺察」

推薦閱讀《深度洞察力》（塔莎・歐里希著，台灣由時報出版出版）
這本書堪稱「黑魔法書」，幫助你了解「認識自我」的難點與重要性。

◆ 想了解更多「依附類型」

推薦閱讀《依附》（阿米爾・樂維和瑞秋・赫勒著，台灣由遠流出版）
這是探討依附類型與伴侶關係的經典著作，是為戀愛所苦者的必讀書籍。

◆ 想了解更多「照護與治療」

推薦閱讀《只要存在著就好》（東畑開人著，台灣由仲間出版出版）
這本書特別推薦給陪伴者和照護者閱讀。

持續翻開人生的「牌卡」

我在這裡介紹的內容，只是眾多資源中的一小部分，希望它們能成為你人生旅程中的助力。

在手機遊戲的世界裡，有所謂的「SSR」（超級稀有）和「UR」（極度稀有）的牌卡。只要抽到它們，即使處於再怎麼糟糕的劣勢，也能翻轉整場遊戲的局勢。然而，在現實生活中，要抽到這種奇蹟般的牌卡，實在太難了。

我也希望自己能成為別人生命中的「SSR神卡」，卻總是失敗。然而，這個世界上有許多專家竭盡畢生努力孕育出的智慧結晶，也許某個作品會成為你的「SSR神卡」。

有時候，只需要一個契機，你的世界就會開始改變。

你的人生還有許多尚未翻開的牌卡，靜靜地等待著你去挖掘與發現。

累了可以休息一下，抱怨「總是抽不到想要的卡」也無妨。

但只要你持續不斷地「翻牌」，或許有一天，你會找到那個讓你感嘆「活著真好」的夜晚。

雖然這種想法或許過於樂觀，甚至有點不負責任，但是我如此深信著。

後記

曾經憤怒不已的我，帶著「輕快復仇」的心情寫下這本書

本書前言曾提到，我之所以投身心理健康工作，其中一個原因是我曾失去自己很珍視的人，我希望為那股失落感，找到一些屬於自己的意義。

我從未想過自己會成為一名寫文章的人。直到參加社群「Cork Lab」的活動，我結識了編輯佐渡島庸平。他給我的建議，成為我人生中重要的轉折點。

他對我說過的一句話，至今仍是我的護身符，支持著我：「你寫東西，不是為了拯救別人而寫，而是寫一些能拯救自己的內容。」

這本書正是在這個信念之下誕生的。我相信，「書寫」與「用言語表達感受」本身具有療癒人心的力量。

尤其是過去兩三年間，我遇見了許多人。他們讓我見證了何謂「脫胎換

骨」，我衷心地感謝他們給我這些機會。

這裡我想跟各位分享一段回憶。

這是一個關於「想死的念頭」和「內容」的故事。這段記憶，可以說是讓我下定決心寫這本書最原始的起點。

「想死」的人是否選擇活下來，其實往往取決於一些看似微不足道的小事。選擇活下去的理由，可能既不偉大，也不感人，甚至平淡無奇。

有一天，朋友介紹了一名心理生病的人來找我尋求協助。

她畢業於名門大學的醫學院，並在知名的大型醫院擔任醫師。她的職涯經歷令人稱羨，但她卻總是「很想死」。

我們定期通電話，大多數時候只是平淡地閒聊。她偶爾會淡淡地談起自己「想死」的念頭，而我也很平靜地聆聽著。那一刻，我深刻感受到，她的存活真的只是「剛好」很幸運而已。

有一天，她問我：「聽我說這些，你應該覺得非常困擾吧？」

我回答：「一點也不困擾呀，我反而覺得蠻有趣的。」

這樣的回答聽起來可能有點輕率，但那是我的真實感受，而她似乎也不覺得討厭。

隨著我們的對話次數增加，交流越來越愉快，我開始萌生「不希望她死」的想法。

我問她：「妳之前買的木炭，要不要試著拿去丟掉？」

她回答：「嗯……」

我接著說：「這麼做或許可以稍微提高一些活下去的機率吧？」

她回道：「但我根本感覺不到活著有什麼好處。」

我說：「是啦，妳說的沒錯。」

最後她說：「先暫時放著吧。」

「不希望對方死」這種想法，很多時候只是我們的執念。這是否可以稱之為愛，決定權永遠在對方手中。如果這個時候，將正義感和使命感參雜進去，事情就會失去焦點。那樣的行為，或許已經偏離了「專注在對方身上」的本意，也不是真正的陪伴。

我覺得，和她的互動，有點像酒店公關和客人之間的溝通模式。客人投注了很多情感，而公關是否接受這份執念，完全取決於他個人的意願。

有一次，我抱著亂槍打鳥的心情跟她說：「如果妳覺得有一點點『或許還不想死』的念頭，那就算我賺到了。」她壞壞地笑著回答：「或許真是這樣呢。那你幫我找找看有沒有什麼有趣的事情吧！」她那種聰慧又狡黠的樣子，讓我覺得她其實頗有小惡魔的特質。

在醫學生時期，課堂上教過的「自殺預防」理論是這樣的：首先，與對方建立信任關係，讓對方視你為依靠，然後要求對方承諾「不會自殺」。

然而，針對她的情況，我覺得這種方法勝算不大。畢竟，她對世界充滿絕望，我人微言輕，要如何撐得起「請妳為了我而活」這個請求。

她對於「有人很擔心自己」這件事，似乎感到有些困惑，也許是因為她感受不到自己值得別人來擔心。

整體而言，我們的溝通是一種虛無飄渺、若有似無的互動。

就在我還在思考該如何繼續聊下去時，話題突然轉到了遊戲上。有一次，我提到自己非常喜歡《勇者鬥惡龍》系列，她告訴我，她以前玩過《勇者鬥惡龍3》。

我便提議：「喔，真的啊，那妳要不要玩玩看《勇者鬥惡龍4》，那款遊戲也很經典。」

她無論是「想活下去」還是「想死」的情感都不怎麼強烈，能讓她稍微偏向「想活下去」一點，也算是不錯了。於是，我決定借助「內容」的力量，心中淡淡地希望這樣能讓她對這個世界產生一點眷戀。

《勇者鬥惡龍5》也很不錯，但因為是以親子為題材，可能不太適合她。我便改推薦《勇者鬥惡龍8》，還傳了訊息給她：「玩完4之後，可以試試8喔！」

我們也聊到了《復活邪神》和《薩爾達傳說》的魅力。她曾經玩過音樂，所以我還介紹了作曲家伊藤賢治的經典作品〈四魔貴族之戰2〉（Devil Lord Confrontation II），說這首曲子有多精彩。

遊戲音樂本身當然有趣，但更令人愉快的，是討論這些內容、分享彼此觀點的時光。就像在運動酒吧，人們聚在一起談論比賽一樣。我們每一次的對話，就這樣不疾不徐地進行著。

和她聊天真的很愉快。她除了從小就抱著「默默想死」的念頭外，其他方面看起來和普通人無異。

後來，她換了住所，也換了主治醫師，狀態逐漸好轉。

某天，在一如往常的閒聊中，我隨口說道：「如果能好好活下去，等新的《勇者鬥惡龍》上市時，我們一起來玩吧。」她答應了。

我們之間有了一個承諾，這樣就夠了。

雖然這不是理論上的「不自殺聲明」，但我們有了一個「一起玩新《勇者鬥惡龍》」的約定。哪怕這將是一場傾盡所有資源的戰鬥，只要她能對現實世界產生一點點留戀，也值得了。即便她與現實世界的連結細如絲，只要能多幾條線一起拉住她，也許這個世界在她眼中會變得可愛一些。

有研究指出，企圖自殺的人在嘗試自殺時被即時阻止，這個人在十年後的存活機率高達九〇％。

或許，那些「剛好沒死」的人，在之後遇到了什麼好事，為他們帶來了幸福的轉機。這些微小的轉變，一次次累積，或許能讓他們的世界變得更好一些。至少，我心中暗自這樣祈禱著。

過了一段時間，就在我們約定一起玩的新遊戲上市的前一天夜晚，她離開了這個世界。

我接到她離世的消息時，正在遠方兼職值班。我向辦公室人員說明了情況，誠摯地道歉後，匆忙結束工作，趕往千公里外的她家向她道別。

那一天，我與曾經陪伴她的朋友聚在一起，喝酒療傷。我們聊了很多，分享彼此心中的感受，以及各自是如何與她互動的。就在那時，我們才發現，每個人或多或少都受她吸引過。

她果然是個小惡魔啊。

如果她的「想死」能夠轉變成「想活下去」，那會是多麼令人驚嘆的改變？她是個很有意思的人，讓人忍不住想「如果她活下來，未來多麼精彩可期」。

她的離去讓我深受打擊，感到非常悲傷與失落。我彷彿失了魂，幾乎整整一個月無法專心工作。

我像著了魔似地沉浸在我們曾約好要一起玩的那款遊戲中。然而，老實說，遊戲的過程我幾乎什麼都記不得。

我將那段時間的心情寫成了一則推文：

「不久前我失去了一個非常重要的人，而我的避風港是《勇者鬥惡龍11》。那

八十小時讓我不胡思亂想，也幫助我快速從悲傷中恢復過來。

對有些人來說，避風港可能是小說或卡通，但我真心認為，『把內容作品當作心的庇護所』的價值，應該讓更多人理解。」

這條推文意外獲得了大量轉發，讓我不禁笑了出來。同時，也讓我再次意識到，內容也曾經拯救過我。

我從事心理健康相關的工作已超過十年，但那段時期，我感到無比疲憊，甚至萌生了「實在太痛苦了，不想再繼續下去」的念頭。

就在那個時候，另一位重要的朋友傳來了一條訊息，字裡行間透露出他似乎正處於生死存亡的關鍵時刻。

這位朋友曾經鼓勵我：「如果你有這麼多想法，為什麼不把那些想法寫下來，放到推特（現為X）上？」他是啟發我開始寫作的重要關鍵之一。

那天半夜，我收到他的求救訊息後，幾乎沒有猶豫，彷彿「身體自己動了起來」，馬上開車前往他的住處。我這樣的下意識行動，讓自己也感到驚訝，但同時也有獲得拯救的感覺。

就在那一刻，我領悟到：「這果然是我的志業，我還是繼續做下去吧。」

當身邊重要的人感到「活著好累」或「想死」的時候，我希望能成為全力以赴回應、陪伴在側的人。

我非常喜歡漫畫《勇者鬥惡龍達伊的大冒險》的其中一句話：「所謂的勇者，不是勇敢的人，而是能帶給他人勇氣的人。」這句話一直以來都是我的心靈寄託。

我一直想成為一名「勇者」，但我究竟想帶給誰勇氣？又想帶給人什麼樣的勇氣？

到了那一刻，我才終於明白，原來我想成為的，是能為身邊重要的人帶來「活下去的勇氣」的人。

我一直對「變化」著迷，看到人們發生改變，總讓我無比動容。尤其是見證那些覺得「活著好累」的人身上的轉變，更是迷人、充滿魅力。所以，我覺得自己還可以繼續在這個領域努力下去。

「悲傷工作期」（grief work）指的是，人們面對重要的人（不論是死別還是離別）所產生的悲傷，以及從悲傷中復原的過程。而這個復原過程的最終階段，是「與你失去的人事物重新建立關係」。

當我們失去重要的人事物，通常會試著為這段經歷賦予某種意義，幫助自己走出悲傷，繼續前行。我也經歷過好幾次與重要的人死別或離別，每一次我都試著從中找尋意義，這些過程雖然痛苦，但也讓我的生活一點也不乏味、不無聊。

真的是所謂的：「悲傷啊，真是謝謝你了。」

在這本書的開頭，我提過：內容，能拯救人心。

在撰寫這本書的過程中，我想起了很多人：

那位總是隨身攜帶《人間失格》的朋友；那個向我介紹用筆刷武器玩《斯普拉遁》的女孩；那位原本計畫與我共事，卻意外被巨浪捲走的夥伴。

那些好想再跟他們一起歡笑，卻再也無法相見的人們。

最近，我遇到了一個與內容相關的故事，主人翁是R。

R從原本的「默默想死」，因為工作壓力變成了「徹底想死」。就在那個時候，他來到我的診所。

R從未感受過對自己人生的掌控感。我猜他應該不會真的提出長假申請，便開了一張診斷書給他。結果R還真的提交了出去，向公司請了長假，整個人閒了下來。他昏睡了一週後，因為實在是無事可做，便買了一台任天堂Switch，開始玩起《薩爾達傳說》的最新作，他一直以來只看實況、從沒玩過這套遊戲。他說，這是他第一次真心「想嘗試看看」。

聽說，《薩爾達傳說》的景色美到讓他非常感動。雖然這是他第一次接觸動作遊戲，但他最後竟然能與陌生人組隊獵殺萊尼爾（獅頭人馬身的獸人角色），顯然很有玩遊戲的天賦。

這款遊戲他很快破關了，所以我又推薦了《薩爾達傳說織夢島》的重製版。他又以飛快的速度破關，於是我又推薦坂口恭平的書《Cook》給他。他第一次為了自己下廚，他說：「切菜的過程能讓他平靜下來」，感覺非常療癒。

接著，我推薦了《斯普拉遁》。現在，他正拿著新手武器「標記槍」，挑戰難以突破的C-等級。就這樣，R的憂鬱指數降到了人生的最低點。他說：「至少在《薩爾達傳說》推出新作之前，我應該撐得下去。」

他與這個世界之間，開始牽起一條細細的線。任天堂這間不斷推出優秀作品的公司，或許能讓這條線變得更粗、更牢固。

這個世界充滿了無數優秀的創作，來自全球天才的智慧結晶持續感動著我們。多虧了創作者，讓我們有機會與這個世界建立連結，而那些內容永遠不讓人感到乏味，因為那是一個充滿未知的世界。

而我自己在《斯普拉遁2》的遊戲時間已超過兩千小時，卻仍然一點也不覺得膩。能與這麼多優秀作品共存於同一個時代，我真的感到無比幸運。

簡而言之，我想表達的是，我們可以多多依賴「內容」的力量，幫助我們活下去。

這本書是我與診所夥伴的合作下完成的。我記得，在討論這本書的會議中，我反覆提到希望書的基調是輕鬆的。雖然少部分內容的描寫較為深刻，使得部分段落顯得特別沉重。但整體上來說，我們很努力讓這本書保持「輕快」的氛圍。

曾有一段時間，我活得滿腔怒火。那段日子裡，我可能是以憤怒作為動力來源。

我曾經非常憤怒，甚至用極為強烈的語言表達：「絕對不可以原諒！」「一定要摧毀那些逼死他的該死制度！」

重要的人早一步離開、登出人生了，我把悲傷與憤怒發洩到這個社會上。

然而，我逐漸發現，用憤怒作為動力非常累人。於是，我決定採取更輕鬆、幽默的方式，去討伐這個世界。

憤怒持續太久會讓人筋疲力盡。我們不會遺忘憤怒與悲傷，但我選擇轉向「輕快」的路線，這樣自己不僅樂得輕鬆，也能讓身邊的人舒適愉快。

從今以後，我也會以「輕快復仇」的方式，繼續努力改變世界。

這本書，就是我們「輕快復仇」的最新作。它可能比不上R喜愛的那些遊戲，但我們竭盡所有心力了。

謝謝各位讀到最後，真心感謝！

鈴木裕介

我的心，獨自升級

メンタル・クエスト 心の HP が 0 になりそうな自分をラクにする本

作　　者　鈴木裕介
企劃編排　岡本実希
譯　　者　謝敏怡
主　　編　呂佳昀

總 編 輯　李映慧
執 行 長　陳旭華（steve@bookrep.com.tw）

出　　版　大牌出版 / 遠足文化事業股份有限公司
發　　行　遠足文化事業股份有限公司（讀書共和國出版集團）
地　　址　23141 新北市新店區民權路 108-2 號 9 樓
電　　話　+886-2-2218-1417
郵撥帳號　19504465 遠足文化事業股份有限公司

封面設計　萬勝安
排　　版　新鑫電腦排版工作室
印　　製　博創印藝文化事業有限公司
法律顧問　華洋法律事務所　蘇文生律師

定　　價　400 元
初　　版　2025 年 6 月

電子書 E-ISBN
978-626-7600-78-8（PDF）
978-626-7600-77-1（EPUB）

國家圖書館出版品預行編目資料

我的心，獨自升級 / 鈴木裕介 著 ; 謝敏怡 譯 . -- 初版 . -- 新北市 : 大牌出版 , 遠足文化事業股份有限公司發行 , 2025.06
288 面 ; 14.8×21 公分
譯自 : メンタル・クエスト : 心の HP が 0 になりそうな自分をラクにする本
ISBN 978-626-7600-75-7（平裝）
1. CST: 自我實現　2. CST: 生活指導

177.2　　114005539